W0370327

5 **PRIMARIA** segundo trimestre

Lengua Castellana y Literatura

SuPerPixéPoLis

Autores

Claudia Araya Olazarán
Manuel García Haczek
Fernando Castillo Rodríguez
Óscar José Martín

Lecturas

Roberto Aliaga
David Fernández Sifres
Rosa Huertas
Pepe Maestro
Elena O'Callaghan i Duch
Ignacio Sanz
Marinella Terzi

Aprendizaje cooperativo

Pere Pujolàs Maset

Proyecto PBL

José Antonio Casas Cuesta

Emprendimiento

César García-Rincón de Castro
Jerónimo García Ugarte

Asesores didácticos

Juan A. Núñez Cortés
Alejandra Menti

EDELVIVES

Vocabulario	EXPRESIÓN ESCRITA	LITERATURA	TÉCNICAS DE ESTUDIO
Los sinónimos y los antónimos	Las normas. Expresar obligación y prohibición	Los textos literarios y los no literarios. Los textos en verso y los textos en prosa	El horario
Las palabras monosémicas y las polisémicas	El cómic. Las onomatopeyas	La lírica I. La rima	El diccionario
Las palabras homónimas	La encuesta. La explicación de datos	La lírica II. La métrica	La biblioteca
Las palabras primitivas y las derivadas. La familia de palabras	La carta y el correo electrónico. La cohesión textual	Los recursos literarios I. La personificación, la comparación y la metáfora	El plan de trabajo
Conquista PISApolis	**Emprendo y aprendo**	**Anexos**	
Los gentilicios	El anuncio publicitario. La descripción de un objeto	Los recursos literarios II. El lenguaje figurado, la hipérbole y el juego de palabras	La velocidad lectora
Las palabras simples y las compuestas	La entrevista. El estilo directo	La narrativa I. El cuento popular	Las ideas principales y secundarias. El subrayado
Las abreviaturas y las siglas	La noticia. El titular y la entradilla	La narrativa II. La fábula	La búsqueda de información en Internet
La formación de los nombres	El texto expositivo. Los conectores explicativos	La narrativa III. La leyenda	El procesador de textos
Conquista PISApolis	**Emprendo y aprendo**		
La formación de los adjetivos	La reseña. La síntesis	La narrativa IV. La novela	El esquema. El mapa conceptual
La formación de los verbos	La explicación de un proceso. Los conectores de orden	Los escritos personales I. El diario	El resumen. Las palabras clave
El campo semántico	El reportaje. La precisión lingüística	Los escritos personales II. La biografía y la autobiografía	La presentación oral
Las frases hechas y los refranes	El texto argumentativo. Los conectores causales	El teatro	El informe
Conquista PISApolis	**Emprendo y aprendo**	**Anexos**	

5 Hoy entrevistamos a...

Observa y analiza las situaciones.

- ¿Dónde se encuentran las personas de la imagen inferior? ¿Y la persona de la derecha?
- ¿Qué están haciendo?
- ¿Qué pregunta crees que le han hecho a la niña del micrófono? Justifica tu respuesta.
- ¿Para qué crees que le hacen una entrevista?

- ¿Te han hecho a ti o a alguien que tú conozcas una entrevista? En caso afirmativo, relata la experiencia.
- ¿En qué medios de comunicación se hacen entrevistas?
- ¿A quién te gustaría entrevistar? ¿Por qué? ¿Qué le preguntarías?

Entrevistar en radio y televisión

1 Escucha la entrevista que le hacen a doña Marcia. Realiza las anotaciones que creas necesarias.

2 Responde a estas preguntas.

- ¿En qué medio de comunicación crees que le están haciendo la entrevista a doña Marcia?
- ¿Por qué el entrevistador se dirige a ella empleando el pronombre *usted*?
- ¿Qué crees que piensa el entrevistador cuando doña Marcia le advierte de lo que va a suceder? ¿Por qué?

3 ¿Sabes qué son las intuiciones? ¿Crees que doña Marcia las tiene? ¿Por qué? Recuerda alguna vez que hayas tenido tú una y cuéntalo ante tus compañeros.

Para realizar una entrevista, el entrevistador plantea preguntas al entrevistado con el fin de obtener información de las respuestas de este.

Entrevistar

- ¿Cómo hacerlo?
  - Expresarse de manera clara.
  - Escuchar con atención las respuestas.
  - Dirigirse de forma cortés al entrevistado.
- ¿Qué hacer?
  - Elaborar un cuestionario con las preguntas.
  - Informarse sobre la persona o personas que se entrevistarán y sobre el tema.

4 ¿Te gustaría que te hicieran una entrevista? ¿Sobre qué crees que te preguntarían?

5 Confecciona un micrófono de papel y redacta una entrevista a tu profesor. Escenifícala con otro compañero ante el resto de la clase.

Marcia posee una extraordinaria habilidad que la ha llevado a convertirse en toda una estrella de la televisión local.

El tiempo según Marcia

¿Has ayudado a alguien recientemente? ¿Cómo lo has hecho?

La abuela Marcia siempre llegaba al plató con bastante antelación. A sus ochenta y dos años era la estrella indiscutible de la televisión local. Su labor diaria prediciendo el tiempo llevaba varios años convocando a los habitantes de la localidad, que a primera hora de la mañana se sentaban frente al televisor para escucharla. Todos, sin excepción, aguardaban su **pronóstico** sobre lo que iba a acontecer. No eran tanto sus aciertos sobre el clima, con su peculiar manera de decirlos y que se ajustaban a cada rincón de la localidad, los que causaban tanta **expectación.** Eran más bien aquellos otros pronósticos que doña Marcia aventuraba los que tanto revuelo causaban.

Para ella, ajena al lío que provocaba, todo resultaba muy sencillo. Se sentaba en su mecedora sin prestar apenas atención al calor de los focos, al trasiego de cables y pruebas de sonido. Cerraba los ojos y se mecía. Simplemente, dejaba que su cuerpo le hablase y cuando por fin lo hacía, lo transmitía en voz alta. Alguien le dijo que a veces, más que una meteoróloga, parecía una **médium.** Como si estuviese en contacto con los espíritus.

Vestía siempre un vestido negro, largo y suelto, estampado de flores pequeñas, que marcaba su delgadez y que le permitía moverse libremente y sin ataduras. Sus brazos y largas piernas dejaban entrever los huesos, aquellos que guardaban su sabiduría según le doliesen o se ajustasen de un modo u otro.

pronóstico: predicción de un hecho futuro realizada a partir de indicios lógicos o científicos.

expectación: inquietud que produce la espera de un acontecimiento.

médium: persona a la que se considera capaz de comunicarse con espíritus.

orear: airear algo para secarlo o quitarle el olor.

Se tocaba el codo y comenzaba:

—Esta noche helará en lo alto, más allá de la ermita. Conviene proteger al ganado. Bajar un poco las cabras, que luego la leche se resiente. No me gusta el queso con la leche de las heladas.

Hacía un pequeño silencio mientras se acariciaba el fémur y continuaba:

—El panadero que se abrigue en el reparto, que siempre sale muy fresco con el calor del horno. Pero la mañana se presenta húmeda y ya sabéis lo que le pasó a mi pobre Paco con aquel golpe de humedad tan malo... ¡Ay, si yo hubiera sabido entonces escucharme como me escucho ahora!... Quizás hubiera podido prevenirle..., aunque con lo suyo que era... no me hubiera hecho caso...

Luego bajaba sus manos hasta los tobillos y después de asegurarse, añadía:

—Por la plaza alta asomarán nubes a media mañana. ¡Felisa! —decía acercándose a la cámara—, no hace falta que recojas la ropa tendida, son nubes de sombra, sin pizca de agua. Déjala que se **oree.** Las que paseáis en dirección a San Ambrosio, que sepáis que el viento os dará de cara. Poca cosa. Además, así está mejor para la vuelta, que luego os entretenéis y os entran las prisas y con el viento a favor se baja más deprisa. Tampoco corráis mucho que, en la Peña Santa, la umbría dejará el suelo deslizante. A ver si os vais a resbalar...

Al tocarse la rótula, exclamó:

—¡Qué raro!, la rótula hoy no me dice nada.

Entonces, doña Marcia le pedía al cámara o a cualquiera del plató que le acercase un vaso de agua. Después de beberla, comenzaba la parte que a todos entusiasmaba.

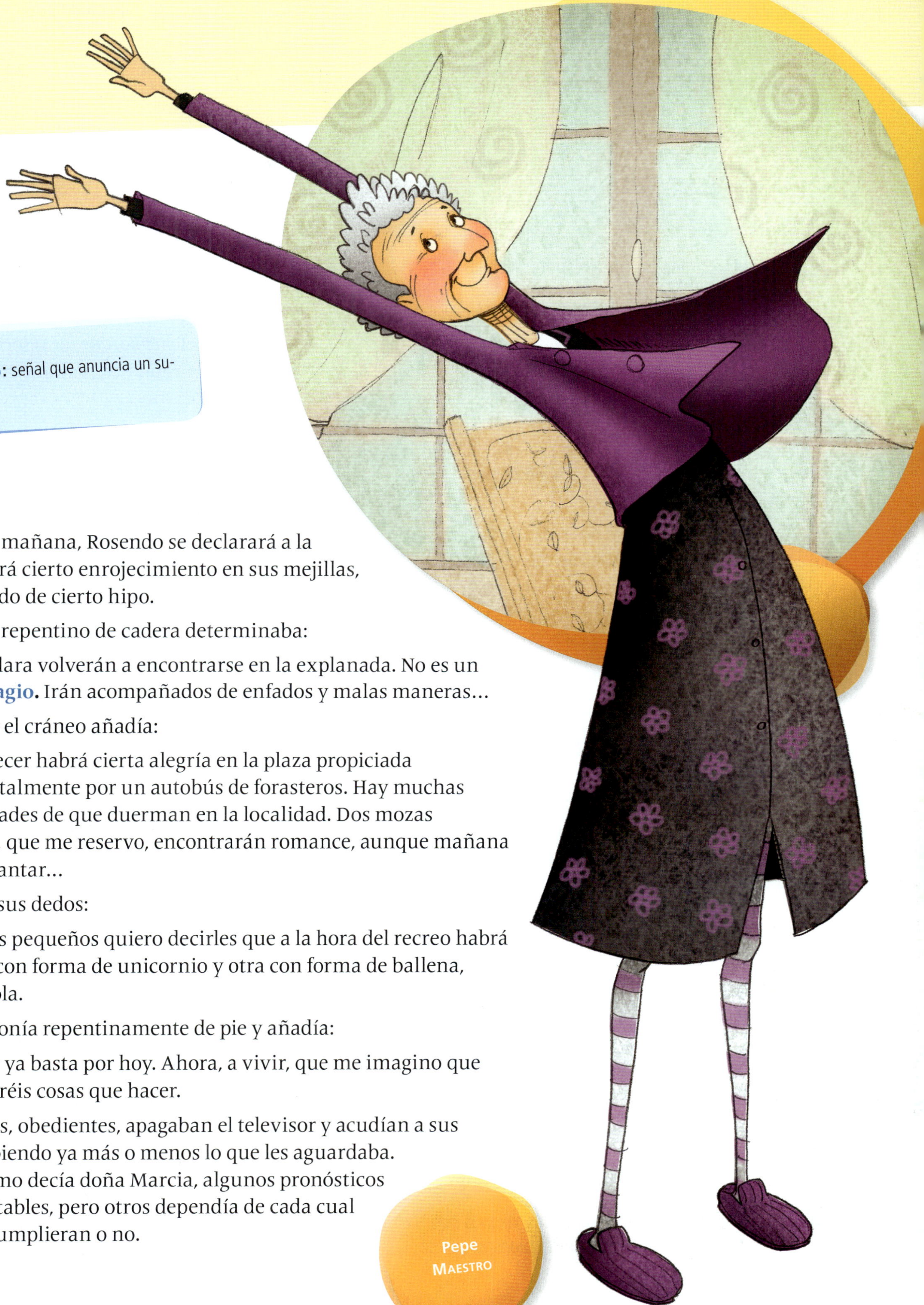

presagio: señal que anuncia un suceso.

—A media mañana, Rosendo se declarará a la Luisa. Habrá cierto enrojecimiento en sus mejillas, acompañado de cierto hipo.

Un meneo repentino de cadera determinaba:

—Fran y Clara volverán a encontrarse en la explanada. No es un buen **presagio**. Irán acompañados de enfados y malas maneras...

Tocándose el cráneo añadía:

—Al atardecer habrá cierta alegría en la plaza propiciada fundamentalmente por un autobús de forasteros. Hay muchas probabilidades de que duerman en la localidad. Dos mozas del pueblo, que me reservo, encontrarán romance, aunque mañana será otro cantar...

Estirando sus dedos:

—A los más pequeños quiero decirles que a la hora del recreo habrá una nube con forma de unicornio y otra con forma de ballena, pero sin cola.

Luego se ponía repentinamente de pie y añadía:

—Bueno, y ya basta por hoy. Ahora, a vivir, que me imagino que todos tendréis cosas que hacer.

Los vecinos, obedientes, apagaban el televisor y acudían a sus faenas, sabiendo ya más o menos lo que les aguardaba. Porque como decía doña Marcia, algunos pronósticos eran inevitables, pero otros dependía de cada cual el que se cumplieran o no.

Pepe Maestro

Comprendo

Personajes

1 ¿Era Marcia una persona respetada en su localidad? ¿Por qué?

Análisis del texto

2 Responde a estas preguntas en tu cuaderno.

- ¿Sobre qué cuestiones realizaba Marcia predicciones? ¿Cuáles le interesaban más a su público?
- ¿Cómo había sido Paco, el marido de Marcia, en cuanto a su forma de ser?
- ¿Terminaba ocurriendo todo lo que ella pronosticaba? ¿Por qué?

3 Fíjate en la ilustración de la página 100 y explica qué sucede en ella.

Estructura

4 Elige y copia las opciones correctas sobre el marco espacial y temporal en el que se desarrolla el relato.

Marco espacial	Marco temporal
• El plató de la televisión local.	• El día 7 de julio.
• La casa de Marcia.	• Un día cualquiera.

Vocabulario

5 Sustituye la expresión resaltada en esta oración por la opción adecuada.

> Dos mozas del pueblo, que me reservo, encontrarán romance, aunque mañana **será otro cantar...**

- será distinto...
- cantarán otra canción...

6 Observa la ilustración y piensa cuál de las palabras **solana** y **umbría** refiere a cada letra. Después, búscalas en el diccionario.

Habilidad lectora

Además de comprender el sentido global de un texto, es importante, al leerlo, reconocer aquellos detalles que son significativos en la historia.

7 ¿Qué partes del cuerpo se palpaba Marcia para saber qué iba a suceder?

Pienso

8 ¿Crees que Marcia ayudaba a sus vecinos con sus predicciones? ¿Por qué? ¿Cómo piensas que se sentía cuando lo hacía?

9 Debate con tu compañero cómo podéis ayudar a otras personas, por ejemplo a los ancianos o a quienes carecen de recursos económicos.

1 Lee este texto extraído de una enciclopedia.

El castillo de Neuschwanstein

El castillo de Neuschwanstein es una edificación construida por encargo del rey Luis II de Baviera en 1866, cerca de la ciudad alemana de Füssen.

El proyecto del monarca consistía en levantar un castillo idealizado, más propio de los cuentos de hadas que de la defensa militar. La construcción se basó en diversos estilos arquitectónicos y presenta una decoración llena de fantasía y con referencias a leyendas y personajes medievales. El director de cine estadounidense Walt Disney usó este edificio como modelo para el diseño del castillo de la Bella Durmiente en Disneyland.

En la actualidad, Neuschwanstein es uno de los principales destinos turísticos de Alemania. Cerca de un millón y medio de personas lo visitan cada año.

2 Responde a estas preguntas.

- ¿Qué características posee el castillo de Neuschwanstein?
- ¿Tenía el castillo de Neuschwanstein la finalidad típica de un castillo? ¿Por qué?
- ¿Qué relación existe entre este castillo y Disneyland?

3 Copia la palabra de esta oración que exprese cómo es el nombre destacado. Después, comprueba si concuerda en género y número con aquel.

El castillo de Neuschwanstein es una extraordinaria **construcción** que se encuentra cerca de Füssen.

Si

4 ¿De qué país era el director de cine Walt Disney? Explica qué palabra del texto así lo indica.

De estado unidos

5 Completa en tu cuaderno las palabras de esta oración con las letras que faltan. Después, indica si el sonido que representan es el mismo o no.

El pro...ecto de Luis II era construir un casti...o propio de los cuentos de hadas.

6 Escucha las palabras, cópialas y búscalas en el diccionario. Después, ordénalas alfabéticamente.

El adjetivo calificativo

Los **adjetivos calificativos** son palabras que expresan cualidades o estados de personas, animales o cosas. Por ejemplo: *hermoso, fría, atentos.*

El castillo de Neuschwanstein (S) se encuentra en un **hermoso** paraje. (P)

El adjetivo acompaña al nombre y puede ir delante *(los **buenos** amigos)* o detrás de él *(un contenedor **cercano**).* También puede aparecer separado del nombre por un verbo como *ser* o *estar (la caja del regalo es **enorme**).*

El género y el número del adjetivo

Un adjetivo tiene un **género** determinado. Este concuerda con el del nombre al que se refiere.

Hay adjetivos que tienen una forma masculina y otra femenina: *un colchón **blando** / una almohada **blanda**.* Por el contrario, otros presentan una única forma para ambos géneros: *unos niños **alegres** / unas niñas **alegres**.*

Los adjetivos también concuerdan en **número** con el nombre al que se refiere. Los adjetivos que hacen ref erencia a un nombre singular aparecen en singular: *un niño contento.* Y los que refieren a nombres en plural también están en plural: *unos niños contentos.*

Los usos del adjetivo

Los adjetivos pueden tener un uso explicativo o especificativo:

- El **adjetivo explicativo** destaca una cualidad que posee el nombre. Por ejemplo: *Se puso una **hermosa** bufanda.*
- El **adjetivo especificativo** expresa una cualidad que permite distinguir al nombre de otros. Por ejemplo: *Se puso la bufanda **roja**.* El adjetivo especificativo suele ir detrás del nombre.

Hay adjetivos que expresan cualidades que el nombre siempre tiene. Por ejemplo: *el hielo **frío**.* Estos adjetivos se llaman **epítetos.**

1 Copia las palabras de estas series que sean adjetivos calificativos.

- pálido, de, montaña, flotar
- bomberos, sus, suaves, estas
- Marcos, agria, y, últimamente
- se, Bélgica, magníficas, al

2 Observa y escribe tres adjetivos para cada uno de estos personajes.

3 Copia los adjetivos de las oraciones y escribe su género y número.

- Un coche descapotable pasó por la calle.
- Las montañas estaban nevadas.
- La princesa perdió una valiosa alhaja.

4 Señala qué persona del diálogo emplea un adjetivo explicativo y cuál uno especificativo.

5 Añade un epíteto a cada uno de estos nombres.

fuego	esfera	elefante

6 Continúa en tu cuaderno el siguiente texto. Al hacerlo, utiliza estos nombres y adjetivos. Intercambia el texto con un compañero y corrige, si es necesario, los errores de concordancia entre el nombre y el adjetivo.

sofisticados	tiempo
variable	aparatos

Pronosticar el tiempo atmosférico es una tarea difícil. Esto es así porque...

Los gentilicios

Los **gentilicios** son adjetivos que indican el lugar de procedencia de un ser u objeto. Por ejemplo: *un amigo **asturiano**.*

Los sufijos que forman gentilicios son, entre otros, -*ano*/*a*, -*án*/-*ana*, -*ino*/*a*, -*eño*/*a*, -*ense*, -*és*/-*esa*. Por ejemplo: *rumano*, *catalán*, *palentina*, *angoleño*, *melillense*, *aragonesa*.

7 Copia estos gentilicios y rodea sus sufijos. Después, escribe a qué localidades corresponden.

barcelonés malagueña orensano santanderina

8 Completa en tu cuaderno con los gentilicios de los lugares escritos entre paréntesis.

Carolina fue al supermercado. Allí compró un kilo de plátanos ..... (Brasil), una bandeja de tomates ..... (Almería), una ensaimada ..... (Mallorca), una caja de mazapanes ..... (Toledo) y un queso ..... (Alemania).

Las palabras con *ll* y con *y*

El sonido representado por las letras *ll* e *y* es el mismo, excepto en las palabras que terminan en *-y*. En algunas palabras este sonido se escribe con *ll*, y en otras, con *y*.

Se escriben con *ll:*

- Las palabras que finalizan en *-illo*, *-illa*, *-ello*, *-ella*. Por ejemplo: *castillo*, *rodilla*, *cuello*, *doncella*.

Se escriben con *y:*

- Las palabras que contienen la sílaba *-yec-*. Por ejemplo: *proyector*.
- Las palabras con este sonido después de los prefijos *ad-*, *dis-*, *des-* y *sub-*. Por ejemplo: *adyacencia*, *disyuntiva*, *desyemar*, *subyugar*.
- Los plurales en *-es* de los nombres cuyo singular termina en *-y*. Por ejemplo: *leyes*.

Las palabras **homóninas** son aquellas que se escriben igual (homógrafas) o se pronuncian igual (homófonas), pero que tienen significados diferentes.

Algunas palabras **homófonas** se escriben con *ll* o *y*. Por ejemplo: *valla* (cerramiento o cercado) / *vaya* (del verbo *ir*).

1 Finaliza en tu cuaderno los siguientes nombres.

estr......

heb......

2 Completa en tu cuaderno con **ady-**, **suby-** o **-yec-** las palabras definidas a continuación.

- **...acer:** estar debajo de algo.
- **...acente:** que está junto o muy próximo a otra cosa.
- **in...tar:** introducir un líquido a presión en un cuerpo.

3 Escribe los plurales de estas palabras.

rey   buey   convoy   carey

4 Sustituye las partes destacadas de estas oraciones por las siguientes palabras homófonas.

ralló – rayó   calló – cayó

- El niño **hizo una raya** en la pared.
- La cocinera **raspó** las zanahorias antes de echarlas al bol.
- El loro **dejó de emitir sonidos** al sonar el teléfono.
- El precio de la gasolina **bajó mucho** esta semana.

5 Escribe un breve texto que contenga dos palabras con **ll** y dos con **y**. Intercámbialo con un compañero y corregidlos.

Pon en práctica

1 **Completa en tu cuaderno estos mensajes de teléfono móvil con las pistas proporcionadas.**

1 Gentilicio correspondiente a Japón. 2 Adjetivo explicativo. 3 Letra.
4 Palabra homófona adecuada: *rallo / rayo*.

2 **Escribe un trabalenguas con palabras con ll e y. Memorízalo y recítalo en clase.**

3 **Escribe tres adjetivos que puedan acompañar a estos nombres: lápiz, anciana y montaña. Los adjetivos deben ser de distinto tipo.**

4 **Sustituye las palabras destacadas en estas oraciones por los gentilicios adecuados.**

- La lasaña es un plato típico **de Italia**.
- Este verano visité a unos amigos **de Pontevedra**.
- El Big Ben es el monumento **de Londres** más conocido.

5 **Completa en tu cuaderno las palabras con ll o y.**

virre.....es hue.....a came.....o
flequi.....o pro.....ectil sub.....acente

6 **Elige la palabra homófona correcta de cada pareja para completar estas oraciones.**

- ..... (Vaya / Valla) hasta la siguiente calle y gire a la izquierda. Allí encontrará una papelería.
- El ciclista chocó contra otro y se ..... (cayó / calló) al suelo.

7 **Escucha y copia el dictado en tu cuaderno. Intercambia tu dictado con el de un compañero para corregirlo.**

Análisis

Det. Compl. N N
Un **amable** bibliotecario nos ayudó.
S P

amable: adjetivo, masculino, singular.

8 **Analiza las palabras destacadas de esta oración.**

Dos perros **pequeños** pisotearon las **delicadas** flores.

El anuncio publicitario

Un **anuncio publicitario** es un mensaje sobre un producto o servicio realizado por la empresa que lo fabrica u ofrece. Su finalidad es informar sobre ese producto o servicio y convencer a los lectores para que lo compren o consuman.

1 ¿Dónde has visto anuncios? Describe alguno que te haya gustado.

2 Observa atentamente el siguiente anuncio.

Reloj Ciclón

Ciclón es el mejor reloj para las personas que creen que la vida es una aventura.

Imagen

Características

- De acero inoxidable ultraligero.
- Resistente en condiciones extremas.

Texto explicativo

Logotipo (distintivo de la marca o empresa)

Reloj Ciclón
Tiempo de aventura

Eslogan (enunciado breve y fácil de recordar)

Analizo

Los anuncios publicitarios están presentes en todos los medios de comunicación para convencernos de comprar un producto o servicio. Es importante analizarlos de manera crítica para decidir si consumir o comprar lo que ofrecen.

3 Reflexiona.

- ¿Crees que las imágenes son adecuadas al producto? ¿Por qué?
- ¿Qué diferencia hay entre el nombre del producto y el resto?
- ¿Qué crees que quiere expresar el eslogan?

4 Vuelve a leer el texto y responde.

- ¿Qué anuncia? ¿De qué marca es?
- ¿A quién va dirigido?
- ¿Qué finalidad tiene?
- ¿Qué parte del texto es información y cuál es opinión?

Realiza un anuncio publicitario.

Planifico

5 En primer lugar, redacta un guion.

- Elige un producto. Piensa en su nombre.
- Escribe las características por las que destaca.
- ¿Qué imagen ayudaría a llamar la atención?
- Inventa un eslogan atractivo.

Puedes tomar como modelo este mapa mental y completarlo.

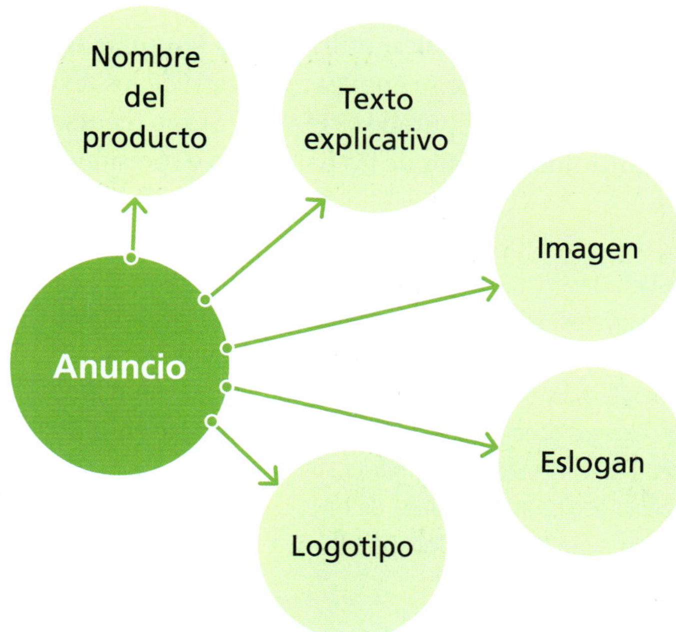

Redacto

6 Elabora un borrador con los datos de tu guion. Elige el lugar que ocupará la imagen.

7 Realiza el anuncio con los datos de tu guion. No olvides que debe ser llamativo y original.

Mejora tu redacción

En el texto explicativo de un anuncio se describen las características más importantes del producto. Para describir un producto en un anuncio:

- Elige aquellos rasgos que lo diferencien o hagan destacar sobre los artículos de la competencia: su forma, su tamaño, sus componentes o su utilidad.
- Sé preciso en el lenguaje cuando describas el producto. Utiliza los adjetivos adecuados: *ligero, resistente, fiable…*

Reviso

8 Relee tu texto y valora en tu cuaderno estos puntos para evaluar tu progreso.

9 Ahora intercambiaos los anuncios y valorad el trabajo del compañero.

Caligrafía	¿Se entiende la letra?
Ortografía	¿Hay faltas? Corrígelas.
Estructura y redacción	¿Aparecen todos los elementos del anuncio?
	¿Utilizas adjetivos precisos para describir el producto?
Presentación	¿La imagen es atractiva y llama la atención?
	¿Has colocado los elementos de manera ordenada? ¿Destacan el nombre y el eslogan?

Los recursos literarios II. El lenguaje figurado, la hipérbole, el juego de palabras

En los textos literarios suele utilizarse un **lenguaje figurado,** al contrario del lenguaje literal que se emplea en el caso de los textos científicos o técnicos. En el lenguaje figurado se usan figuras o recursos literarios para dar a los significados propios de las palabras o expresiones otros nuevos.

Rubén Darío (1867-1916) fue un poeta nicaragüense. Su obra se caracteriza por ser bella, rítmica y musical. Aunque casi toda ella es para adultos, también escribió algunos poemas infantiles. Uno de los más conocido es *Margarita*, un poema dedicado a una niña de cinco años llamada Margarita Debayle.

Mariposa

Niña de mi risueña tierra cálida,
ya no eres la crisálida:
eres la mariposa
que pasea sus galas
con dos alas
que parecen dos pétalos de rosa.

Rubén Darío

Este poema de Darío es un ejemplo del lenguaje figurado.

Para conseguir un lenguaje figurado, el autor puede emplear:

- La **hipérbole,** que es un recurso literario en el que se exagera un hecho o una cualidad con la finalidad de destacarlos.

¡Ay qué trabajo me cuesta
quererte como te quiero!

Por tu amor me duele el aire,
el corazón
y el sombrero.

Federico García Lorca

Se exagera el dolor que le provoca al autor el amor que siente por otra persona.

- Los **juegos de palabras,** que agrupan las sílabas de una o de varias palabras para formar otra nueva. Muchas adivinanzas y refranes populares han sido creados a partir de este recurso: *Oro parece, plata no es* (el plátano). También hay juegos de palabras basados en palabras homónimas.

¿Este es conde?
Sí, este esconde
la calidad y el dinero.

Juan Ruiz de Alarcón

Si agrupamos las palabras *es* (verbo *ser*) y *conde* (adjetivo), obtenemos la nueva palabra *esconde* (verbo *esconder*).

1 Lee ante tus compañeros el siguiente poema.

Hipérbole del amoroso

Te amo tanto que duermo con los ojos abiertos.
Te amo tanto que hablo con los árboles.
Te amo tanto que como ruiseñores.
Te amo tanto que lloro joyas de oro.
Te amo tanto que mi alma tiene trenzas.
Te amo tanto que me olvido del mar.
Te amo tanto que las arañas me sonríen.
Te amo tanto que soy una jirafa.
Te amo tanto que a Dios telefoneo.
Te amo tanto que acabo de nacer.

Carlos Edmundo DE ORY

2 Explica el título del poema anterior y responde a estas preguntas.

- ¿Qué tipo de recurso se usa constantemente en el poema?
- ¿Qué verso te gusta más? ¿Por qué?

3 ¿En qué consisten los juegos de palabras utilizados en estas oraciones? Escribe las respuestas en tu cuaderno.

- Te traje el traje rojo de tu hermano.
- Blanca por dentro, verde por fuera; si quieres que te lo diga, es pera.
- Año de nieves, año de bienes.

4 Busca en Internet el significado del refrán anterior y explícalo en clase.

5 Crea un breve poema en el que utilices las siguientes palabras y algún recurso del lenguaje figurado.

caracol | hacha | fuego

6 Añade tres nuevos versos al poema de la actividad 1 utilizando aumentativos, diminutivos y sinónimos. Después, recítalos con gestos y la entonación adecuada delante de tus compañeros.

7 Escribe un breve texto literario donde transmitas un sentimiento similar al expresado en el último verso del poema de la actividad 1.

La velocidad lectora

Es importante practicar la lectura para alcanzar una buena **velocidad lectora** (unas 150 palabras por minuto, aproximadamente). Esta velocidad se puede averiguar contando el número de palabras leídas durante un minuto, siempre que se comprenda el mensaje del texto.

Existen algunas maneras de mejorar tu velocidad lectora, como por ejemplo:

- Jugar a localizar palabras en un texto lo más rápido posible.
- Fijar los ojos en el centro de cada frase para leerla como un conjunto. Cuantos menos movimientos de los ojos por renglón realices, más rápido avanzarás en tu lectura.

Aplica

1. Lee estas oraciones fijando tu vista en la línea roja. Posa la mirada en el centro de cada una para leerla como un conjunto.

Acércate aquí,
lee esta oración.
No debes reír,
presta atención.

La vista me ayuda.
Voy siendo más veloz
cuando hago ejercicios
con reiteración.

2. Lee este texto con atención y averigua tu velocidad lectora. Para ello, lee el texto durante un minuto, midiendo el tiempo con un cronómetro, y después cuenta el número de palabras que has leído.

¿Qué comen los escaladores?

La alimentación es uno de los aspectos que más se cuidan cuando se va a escalar una montaña. Los escaladores requieren una dieta rica y equilibrada para soportar los efectos de la altitud, las bajas temperaturas y el desgaste físico que deben realizar.

Mientras permanecen en el campamento base, los montañeros ingieren alimentos que les proporcionan energía de reserva.

Durante el ascenso, se alimentan fundamentalmente de barritas energéticas y fruta desecada mezclada con frutos secos o copos de cereales. Estos alimentos tienen la ventaja de ser muy nutritivos y pesar poco.

También es importante que los escaladores se hidraten mientras suben. Una manera fácil de obtener agua en la montaña, para no tener que transportarla y así evitar que aumente el peso de la carga, es fundir la nieve.

Antes de beberla, debe potabilizarse a través de un sistema de filtros o con pastillas que se echan a la cantimplora.

¿TE ACUERDAS?

1 Desarrolla en tu cuaderno el mapa mental de la unidad.

REPASA

2 Escucha y copia el dictado en tu cuaderno.

3 Elegid en grupo a una persona del colegio (por ejemplo: el director, el cocinero, el conserje…) y entrevistadla como si lo hicierais para un programa de radio.

4 Imagina un invento sorprendente y crea un anuncio publicitario para animar a las personas a comprarlo.

5 Crea un cómic de humor que incluya un juego de palabras con dos acepciones del término **mono**.

6 Juega con tu compañero a ver quién localiza estas palabras primero en el texto *El tiempo según Marcia:* **forasteros**, **umbría** y **acontecer**.

¡ATENCIÓN, PREGUNTAS!

Recuerda hacer las actividades en tu cuaderno o en una hoja aparte.

El chico estaba sentado con el torso desnudo en un embarcadero de madera sobre el mar y reparaba una red, sujetando algunas mallas con el dedo gordo del pie. [...] De vez en cuando, se secaba la frente con el dorso de la mano y se rascaba maquinalmente los rizos, que eran cortos y morenos. Tenía el rostro bronceado, los ojos negros, cercados por unas largas pestañas, y una boca de labios carnosos. Por toda vestimenta, llevaba puesto un raído pantalón de pescador, y del cuello le colgaba una cruz de oro, sujeta con una cinta de cuero desgastada por los años. Detrás de él, crujían, abanicadas por el viento, las hojas de los limoneros, que esparcían su aroma en dirección a la playa. Mientras remendaba, el chico escuchaba su canto y el contrapunto del mar Jónico, que bañaba las rocas volcánicas de la bahía de Pelikata.

Éric Boisset

1 ¿Qué hacía el chico en el embarcadero?

- Pescar con red.
- Arreglar una red.

2 Señala si estas afirmaciones son verdaderas (V) o falsas (F).

- El chico vestía de manera pobre. V
- Alguien cantaba en la playa. F

3 ¿Llevaba el chico una cruz de cuero colgada al cuello? No

4 Copia esta oración y rodea los adjetivos calificativos.

Una suave brisa traía el agradable aroma de los limoneros.

5 Escribe qué uso presentan los adjetivos destacados en estas oraciones.

- —¡Alcánzame la red **pequeña**, por favor! —pidió el chico a su hermano.
- La Luna **redonda** estaba en lo alto del cielo.
- Por fin conseguí resolver este **difícil** ejercicio.

6 Completa en tu cuaderno las oraciones con las formas adecuadas de los adjetivos entre paréntesis.

- El chico tenía la piel ..... (bronceados). Bronceada
- Dos furgonetas ..... (amarillo) aparcaron en la calle. Amarillas

7 Copia el gentilicio de esta oración.

La bahía de Pelikata se encuentra en la isla griega de Ítaca.

8 Completa en tu cuaderno estos gentilicios con los sufijos adecuados: **zaragoz.....**, **madril.....**, **cordob.....** .

9 Escribe los nombres de estos objetos.

martillo

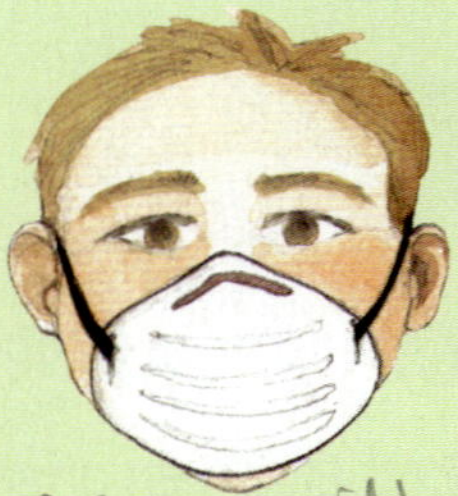

mascarilla

10 Copia y completa estas palabras con **ll** o **y**.

pae.ll.a	pejerre.y.es	atrope.ll.o
ensaladi.ll.a	flequi.ll.o	tra.y.ectoria

¿En qué hay que fijarse para saber el género y el número que debe tener un adjetivo?

6 Según las últimas noticias...

Observa y analiza las situaciones.

- Describe lo que ves en las imágenes.
- ¿Con qué medio de comunicación relacionarías cada una de las fotografías?
- ¿En qué se parece y en qué se diferencia la forma de dar las noticias en la segunda y en la imagen inferior?

- ¿Para qué sirven las noticias en la radio, la televisión o los periódicos?
- ¿Recuerdas alguna información que hayas encontrado en un periódico, viendo la televisión o escuchando la radio y que te haya sido útil?
- En grupos, decidid cuál es la noticia que más os ha sorprendido últimamente. Luego, resumidla delante de vuestros compañeros.

Comprensión y expresión oral

Contar una noticia

1 Escucha la siguiente noticia radiofónica y anota lo que creas necesario.

2 Responde a estas preguntas.

- ¿De qué trata esta noticia? Resúmela y di cuál es su titular.
- ¿De qué país era la universidad en la que se realizaron los experimentos? ¿Cuándo se llevaron a cabo?
- ¿Qué beneficios crees que puede tener para las plantas hablar con ellas? ¿Y, según la noticia, cuáles son los beneficios para las personas que lo hacen?

3 ¿En qué crees que cambiaría la noticia si se publicase en un periódico? ¿Y si la vieses en la televisión?

4 ¿Piensas que está contada de forma clara? ¿La pronunciación, la entonación y las pausas te han ayudado a comprenderla?

La **noticia** es el relato breve de un hecho actual. Puede transmitirse de forma oral o escrita.

Para contar una noticia

- Seleccionar información acerca del hecho que se quiere narrar.
  - ¿Qué?
  - ¿Quién?
  - ¿Dónde?
  - ¿Cuándo?
- Redactar la noticia de forma breve y precisa, cuidando la ortografía y la puntuación.
- Hablar con voz clara, con la velocidad adecuada, haciendo las pausas correspondientes después de los signos de puntuación.

5 Por parejas, inventad otro titular para la noticia anterior.

6 Transforma en una noticia el último acontecimiento importante que haya ocurrido en tu colegio, en tu barrio, etc. Después, nárrala ante tus compañeros como si la dieses por la radio.

7 Formad grupos y debatid sobre las ventajas e inconvenientes que tiene informarse a través de la radio o la televisión frente a hacerlo leyendo un periódico. Luego, poned en común las conclusiones que hayáis sacado en cada grupo.

Alicia descubrirá que no es tan difícil hacer nuevos amigos.

Conversación con la drácena

¿Crees que ser tímido beneficia o perjudica a quien lo es? ¿Por qué?

¿Y a ti qué te pasa? ¿Por qué andas tan **mustia**? No. No hace falta que me lo digas. ¿Problemas con los amigos? Alguien que no te hace caso. Te comprendo muy bien, no sabes cómo. A mí me pasa lo mismo, siempre, no aprendo por más veces que me ocurra.

mustio: referido a una planta o flor, que ha perdido frescura o verdor.

María y Jara... De pequeñas, María era mi mejor amiga. Íbamos juntas a todas partes. Luego, estaba Jara, que a veces venía con nosotras y a veces no. Pero el curso pasado, en cuarto, cada vez se nos pegaba más, a todas horas. Bueno, ser un trío también está bien, tiene sus ventajas, si una falla siempre está la otra, y nunca te quedas sola. Pero yo sabía que eso iba a ser pasajero, que al final me iba a quedar siendo la tercera, la de quita y pon. Porque veía a María y a Jara riéndose por los pasillos del colegio, metiéndose a toda prisa en los servicios cuando yo me quedaba unos segundos más en clase.

Y ahora que estamos en quinto, ¡buf! Las cosas se han puesto feas, feas.

El primer día después de las vacaciones de Navidad, me enteré de que las dos familias habían ido a esquiar juntas, mira por dónde. Y María y Jara aparecieron con unas sudaderas iguales, de la misma marca. Parecían gemelas. Llegué a casa enfadada, y luego me puse triste. Tanto que mi madre lo notó.

No sé cómo se las arregla, pero siempre acaba notándolo todo, lo bueno y lo malo que me pasa. Me cogió por banda y me dijo que no importaba tanto, que el día menos pensado sería yo la que tuviera otras amigas. ¿Por qué no me buscaba a alguien interesante de verdad? Alguien que mereciera la pena... Una chica con la que hablar... O un chico, añadió.

¿Un chico? Enseguida pensé en Miguel. A la primera. En realidad, siempre pienso en Miguel. Vivía en otra ciudad y vino aquí a principios de curso. Es el chico más guapo de la clase, con diferencia. Pero Miguel no me habla, Miguel no me ve. Muchas veces, cuando no hay nadie delante, he querido decirle algo, pero al final siempre me corto. Sin embargo, ayer, viernes, decidí que de ahí no pasaba. Por eso me puse la camiseta turquesa. Y, en pleno recreo, me planté delante de Miguel, traté de sonreír y dije «hola». Pero creo que me salió muy bajito, muy bajito, porque él siguió sin verme, cruzó el patio corriendo y se fue a beber agua a la fuente. Ese es mi **sino**.

Bueno, perdona... en vez de escucharte, me he puesto a hablar de mí como una cotorra. Siempre hago lo mismo en casa. No sé por qué hablo tanto aquí si en clase me quedo muda. Misterio. Pero dime, ¿qué te pasa a ti? ¿Estás triste porque no tienes compañía? ¿Quieres que te lleve a la terraza? Me parece que eres una planta de interior y no sé si te sentará bien el aire de la calle, pero seguro que te gustará estar con otras plantas, por lo menos un ratito por las tardes. No te preocupes, luego yo me encargo de entrarte antes de que haga frío, para que no te acatarres. ¿Sabes? Fuera hay un geranio que es la mar de guapo. Te pondré a su lado, pero tú habla fuerte y haz todo lo posible para que te vea. Seguro que si estás con él, tus hojas se abrirán. Se abrirán más que escuchándome a mí.

sino: destino.

drácena: arbusto de hojas alargadas y con el borde de color rojo oscuro.

enfrascado: dedicado con mucha intensidad o atención a una tarea.

Ring, ring...

—¡Alicia! No des tanta conversación a la **drácena** y ven, que te llaman al teléfono.

—¿Al teléfono? Voy, mamá... Estaba tan **enfrascada** hablando con la planta que no he oído el timbre.

—Ponte. Es un tal Miguel.

—¿Miguel?

—Sí, venga, ponte.

—Hola, Miguel...

—Hola... Ayer me fui a beber agua para coger fuerzas y... y cuando volví, ya no estabas.

—¡Ah...! ¿Para coger fuerzas?

—Sí... Es que me pilló por sorpresa que quisieses hablar conmigo.

—Ya... Pues ahora mismo le estaba diciendo a la drácena que...

—¿A quién?

—A la drácena... es una planta. Me gusta hablar con ella.

—¡Qué divertido! Pues yo me paso el día hablando con mi perro Ludovico, a todas horas. Como no tengo muchos amigos... ni amigas... todavía...

Comprendo

Personajes

1. Escribe cómo cambió la relación entre Alicia y María después de que Jara se hiciera amiga de ellas.

Análisis del texto

2. Responde a estas preguntas en tu cuaderno.
   - ¿Con quién habla Alicia?
   - ¿Cuándo se enfadó Alicia con María y Jara definitivamente?
   - ¿Qué idea le dio su madre para dejar de estar triste?
   - ¿Qué problema tenía Alicia cuando intentaba hablar con Miguel?
   - ¿Crees que Alicia se sorprendió cuando Miguel le contó lo que le pasó en el recreo? ¿Por qué?

3. Observa las ilustraciones de las páginas 118 y 119 y explica en qué se parecen y en qué se diferencian las situaciones que representan.

Estructura

4. ¿Qué hecho ocurrió en el pasado de la narración?
   - La llamada de Miguel a Alicia.
   - El viaje a la nieve de María y Jara.
   - La conversación de Alicia con la drácena.

Vocabulario

5. Busca en el diccionario la palabra **mustio** y escribe una oración con cada una de sus acepciones. Después, expresa si crees que los árboles y las plantas son importantes para nuestro planeta y por qué.

6. La madre de Alicia **cogió por banda** a su hija cuando la vio triste. ¿Qué significa la expresión destacada?
   - La cogió por la cintura.
   - Trató con ella el asunto sin que se lo esperara y de forma enérgica.

Habilidad lectora

Resumir un texto consiste en exponer de forma breve sus ideas principales.

7. Completa en tu cuaderno este resumen del relato.

Alicia era la mejor amiga de ..... desde que eran pequeñas. Cuando llegaron a cuarto, las dos se hicieron amigas de ...... Pero cuando pasaron a quinto, ... Esto hizo que Alicia se sintiera ...... Su madre le recomendó que ...... Ella tenía un compañero llamado Miguel que le gustaba mucho, pero le daba vergüenza ...... Un día, cuando le contaba a su planta favorita qué le sucedía, Miguel ......

Pienso

8. ¿Piensas que Alicia pudo volverse menos tímida después de lo que le sucedió con Miguel? ¿Por qué?

9. Todas las personas poseemos cualidades positivas. Menciona alguna que tenga tu compañero y otra que tengas tú.

1 Lee esta carta al director de un periódico.

LA VOZ DEL BARRIO — 15 de febrero

La opinión del lector

Señor director de *La Voz del Barrio:*

He leído en su periódico que el Ayuntamiento va a construir un carril bici en la calle de la Primavera. Me parece una excelente decisión porque nos permitirá a todos a los que nos gusta el ciclismo practicar este deporte de una manera más cómoda y segura.

Por otro lado, considero que es necesario que el Ayuntamiento repare urgentemente la cancha de baloncesto y la pista de patinaje sobre hielo del polideportivo municipal. Estas instalaciones son utilizadas a diario por muchas personas y se hallan muy deterioradas.

Un saludo,

Ángela Rodríguez. Fuentecisla, 12 de febrero

2 Responde a estas preguntas.

- ¿Qué noticia ha leído Ángela en el periódico?
- ¿Qué opina sobre ella?
- ¿Qué ocurre con el polideportivo?
- ¿Qué piensa Ángela de ello?

3 Fíjate en las palabras destacadas de estos grupos nominales y copia la oración que explique la función que cumplen.

la cancha de baloncesto

una bicicleta roja

este carril bici

- Precisan el objeto al que se refiere el nombre al que acompañan.
- Expresan cómo es o cómo está el nombre al que acompañan.

4 Une en tu cuaderno cada determinante con el nombre que le corresponda.

el	polideportivo
una	saludo
las	instalaciones
un	decisión

5 Copia la palabra que se haya formado por la unión de otras dos y escribe cuáles son.

tenis — ciclismo — baloncesto

6 Completa en tu cuaderno estas palabras del texto con las letras que faltan.

.....allan — .....ielo

7 Escucha estas palabras, cópialas y búscalas en el diccionario. Después, escribe una oración con cada una.

Los determinantes I. El artículo y el demostrativo

En la oración *Aquella bicicleta es de una niña llamada Ángela,* las palabras *aquella* y *una* son determinantes que acompañan a los nombres *bicicleta* y *niña,* respectivamente.

Aquella bicicleta es de **una niña** llamada Ángela.
S — P

Los **determinantes** son palabras que precisan a qué ser u objeto se refiere el nombre al que acompañan. El determinante siempre va delante del nombre.

los libros
Det. N

El determinante concuerda en género y en número con el nombre. En el grupo nominal *los libros,* el determinante ***los*** tiene el mismo género (masculino) y número (plural) que el nombre ***libros***. Existen distintos tipos de determinantes: los artículos, los demostrativos, los posesivos...

El determinante artículo

Los **determinantes artículos** marcan el género y el número del nombre al que acompañan. Pueden ser determinados o indeterminados.

- Los **artículos determinados** se emplean cuando la persona que habla conoce al ser u objeto que nombra. Por ejemplo: ***el*** *niño.*
- Los **artículos indeterminados** se utilizan cuando la persona que habla no conoce al ser u objeto que nombra o cuando lo nombra por primera vez. Por ejemplo: ***un*** *árbol.*

Recuerda

Delante de un nombre femenino que comienza por **a-** o **ha-** tónicas, se utiliza ***el*** o ***un***, pero solo en singular: ***el*** *aula,* ***las*** *aulas.*

Determinantes artículos			
Determinados		**Indeterminados**	
el	la	un	una
los	las	unos	unas

El determinante demostrativo

Los **determinantes demostrativos** indican la distancia entre la persona que habla y el ser u objeto que designa el nombre. Por ejemplo: ***este*** *gato* (cerca), ***esa*** *chaqueta* (distancia media), ***aquella*** *bicicleta* (lejos).

Determinantes demostrativos					
Cerca		**Distancia media**		**Lejos**	
este	esta	ese	esa	aquel	aquella
estos	estas	esos	esas	aquellos	aquellas

1. Copia los determinantes de estos grupos nominales y clasifícalos en determinantes artículos y determinantes demostrativos.
   - unos folios
   - aquel día
   - la niña morena
   - estas hormigas gigantes

2. Completa en tu cuaderno estas oraciones con los determinantes artículos adecuados.
   - Ayer, mi abuela me regaló ..... (unas / las) zapatillas muy bonitas.
   - ¿Me sirves ..... (el / un) vaso de agua, por favor?
   - Me gustan mucho ..... (unas / las) manzanas.

3. Corrige los determinantes artículos de esta oración que sean incorrectos y explica por qué lo son.

   El abuela y los niños dieron un paseo por una parque.

4. Explica delante de cuáles de estos nombres de género femenino hay que utilizar el determinante artículo **el** o **la**.

   águila　　hazaña　　hada　　almeja

5. Escribe cómo le pedirías al dependiente cada uno de los sombreros empleando determinantes demostrativos.

6. Copia y completa estas oraciones con los determinantes demostrativos apropiados.
   - Carlos vive en ..... (lejos) casa.
   - ..... (cerca) gargantilla es muy bonita.
   - Me pondré ..... (distancia media) pantalones.

7. Analiza la clase, el género y el número de las palabras destacadas del siguiente texto.

   La drácena es **una** planta originaria de **los** bosques de la isla de Madagascar. Sus hojas son de color verde con bordes rojos. **Estas** plantas requieren pocos cuidados.

Las palabras simples y las compuestas

Las **palabras compuestas** son las que se forman por la unión de dos o más palabras. Por ejemplo: ***pararrayos*** → *para* + *rayos*.

Las **palabras simples**, en cambio, son las que no proceden de la unión de otras palabras. Por ejemplo: ***rayo***.

8. Copia estas parejas y rodea con azul la palabra que sea simple y con rojo, la compuesta.

   cumpleaños-fiesta　　motor-parabrisas　　mediodía-tarde

9. Completa estas palabras compuestas y forma una oración con cada una de ellas.

   .....caídas　　peli.....　　.....espaldas

   traba.....　　.....araña　　.....olas

Las palabras con *h*

Se escriben con ***h*:**

- Las palabras que empiezan por ***hie-***, ***hue-***, ***hui-***, ***hia-***. Por ejemplo: ***hie**rro,* ***hue**so,* ***hui**da,* ***hia**to.*
- Los verbos ***haber***, ***hacer***, ***hablar***, ***habitar*** y ***hallar***, y sus distintas formas. Por ejemplo: ***h**ay,* ***h**izo,* ***h**ablamos,* ***h**abitan,* ***h**allaron.*
- Las palabras derivadas formadas a partir de palabras primitivas que empiezan por ***h*-**. Por ejemplo: *des**h**uesado,* ***h**eroísmo.*

Algunas **palabras homófonas** se diferencian por llevar *h* o no. Por ejemplo: ***h**echo* (del verbo *hacer)* / *echo* (del verbo *echar).*

1 Completa en tu cuaderno los nombres de los dibujos.

.....vera

.....na

.....rbabuena

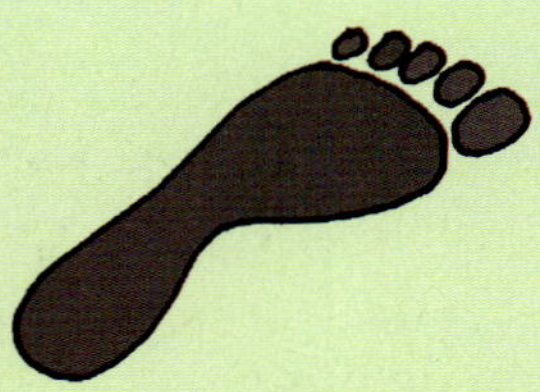

.....lla

2 Copia estas oraciones y complétalas con formas de los verbos **hallar**, **habitar**, **haber** y **hacer**.

- En el parque al que fuimos ..... columpios y toboganes.
- En este solar ..... próximamente un centro comercial.
- Los leones son felinos que ..... en el este y el sur de África.
- Ayer ..... la solución al problema de matemáticas.

3 Escribe en tu cuaderno la palabra primitiva a partir de la que se han formado las palabras derivadas de cada serie.

- honradez, deshonra, honrado
- hojaldre, hojalata, hojear
- horario, enhorabuena, deshora

4 Completa en tu cuaderno las oraciones con las palabras homófonas adecuadas. Consulta el diccionario en caso de duda.

- La rana saltó al estanque y produjo varias ..... (hondas / ondas) en el agua.
- El toro tiene un ..... (hasta / asta) rota.
- Este mes ..... (he / e) ido dos veces al teatro.

5 Copia estas oraciones sustituyendo las palabras destacadas por sinónimos que comiencen por *h*.

- La superficie del lago estaba **congelada**.
- Dos osos se **encontraban** dentro de la cueva.
- El bandido intentó **escapar** a caballo.

Pon en práctica

1 Copia y completa este anuncio con las pistas proporcionadas.

Se alquila piso
Se alquila piso en el centro de la ciudad. .....1 vivienda cuenta con salón-comedor, cocina, dos .....2 y baño. La cocina está equipada con .....3 y .....4 .
Para verlo, hay que llamar al teléfono 6174 253 963 (Antonio).

1 Determinante artículo determinado. 2 Palabra correctamente escrita: *habitaciones / abitaciones.* 3 Palabra que sea simple: *nevera / escurreplatos.* 4 Palabra que sea compuesta: *lavavajillas / horno.*

2 Copia y completa el siguiente diálogo con estos determinantes.

este	el	un

—Pásame ..... rotulador, por favor.

—¿Cuál prefieres: ..... rotulador o ese otro?

—Dame cualquiera. No, mejor pásame ..... rotulador que tienes en la mano.

—Vale.

3 Representa mediante mímica el título de un cuento o película que incluya un determinante artículo o demostrativo. Tu compañero deberá adivinar el título e indicar de qué clase es su determinante.

4 Escribe los nombres de estos objetos y clasifícalos según sean palabras simples o compuestas.

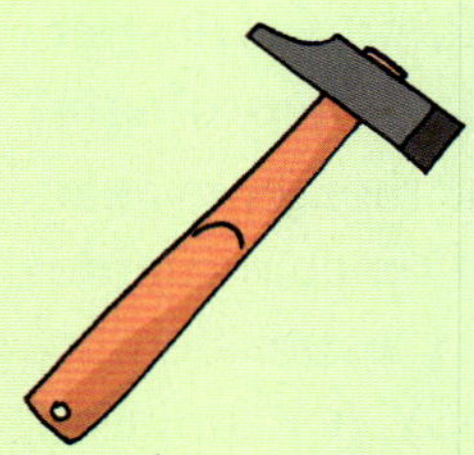

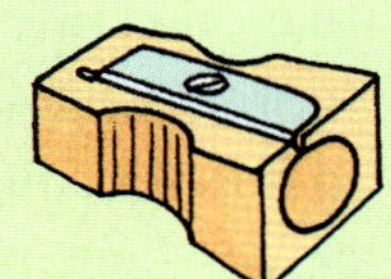

5 Completa en tu cuaderno las oraciones con las palabras correctas.

- La ..... (hiedra / iedra) del jardín está seca.
- Una ..... (hola / ola) ..... (deshizo / desizo) el castillo de arena.

6 Escucha y copia el dictado en tu cuaderno. Luego, intercámbialo con tu compañero y corregidlo.

Análisis

Det. N Compl. N
El tío de Irene guardó **un** balón en **aquella** mochila.
S P

- **el:** determinante artículo, determinado, masculino, singular.
- **un:** determinante artículo, indeterminado, masculino, singular.
- **aquella:** determinante demostrativo, femenino, singular.

7 Analiza en tu cuaderno las palabras destacadas.

Los niños plantaron **una** flor en **ese** tiesto.

La entrevista

Una **entrevista** es una conversación que una persona mantiene con otra para obtener información sobre un tema de interés.

1 ¿Recuerdas cómo se preparaba una entrevista en la radio o la televisión?

2 Lee con atención esta entrevista y fíjate en sus partes.

Hoy Escolar 13 de abril

El «hombre del tiempo» de Canal Extremadura

Jesús Teniente, el «hombre del tiempo» de Canal Extremadura, nos concedió una entrevista donde nos contó su experiencia en la televisión y en la radio.

Pregunta: ¿Cómo y cuándo se despertó en ti el interés por la meteorología?

Respuesta: Pues en qué momento exacto no sabría decir... [...] Tengo recuerdos de ser bien pequeño y estar siempre fijándome en las nubes. Y, por supuesto, siempre viendo el tiempo en la televisión *(se ríe)*; en mi casa había que estar en silencio a la hora de *El tiempo*.

P.: ¿Qué aspectos destacarías de tu trabajo? ¿Qué es lo que más te gusta?

R.: Me gusta mucho transmitir mis conocimientos. Es decir, poder comunicar lo que sé. Por un lado, la previsión que elaboramos día a día y por qué va a pasar eso. Y, por otro, divulgar aspectos relacionados con el tiempo. [...]

P.: ¿Tus amigos o familiares te preguntan qué tiempo va a hacer?

R.: Eso es lo peor de este trabajo *(se ríe)*. Es un no parar. No desconectas nunca porque la gente de tu alrededor está constantemente preguntándote. [...]

María Torres

Titular

Entradilla (texto breve de presentación de la persona entrevistada)

Pregunta del periodista (P.) y respuesta del entrevistado (R.)

Analizo

A través de la entrevista se puede tener una visión más personal y cercana de un personaje de interés.

3 Reflexiona ahora sobre las características de la entrevista.

- ¿Dónde aparece el nombre de la publicación?
- ¿Por qué crees que es importante que figure la fecha?
- ¿En qué se diferencia el titular de la entradilla?
- ¿Cómo se distinguen las preguntas de las respuestas?

4 Vuelve a leer el texto y responde.

- ¿Quién es la persona entrevistada?
- ¿Sobre qué temas se le pregunta?
- ¿Le interesaba a su familia la meteorología? ¿Por qué lo sabes?
- ¿Cuál es la relación de la imagen y el texto?
- ¿Qué otras preguntas crees que le podrían haber hecho al entrevistado? Formúlalas.

Realiza tú una entrevista a una persona a la que conozcas. Puede ser un miembro de tu familia, alguien del colegio o un vecino de tu barrio.

Planifico

5 En primer lugar, escribe un guion. Para ello, organiza tus ideas:

- Piensa en la persona que quieres entrevistar, en cómo la presentarás y en cómo te dirigirás a ella.
- ¿Qué información quieres obtener de ella?
- Reflexiona sobre las preguntas que le vas a hacer y en qué orden.
- Consigue una foto suya. Si no, haz un dibujo.

Puedes tomar como modelo este mapa mental y completarlo.

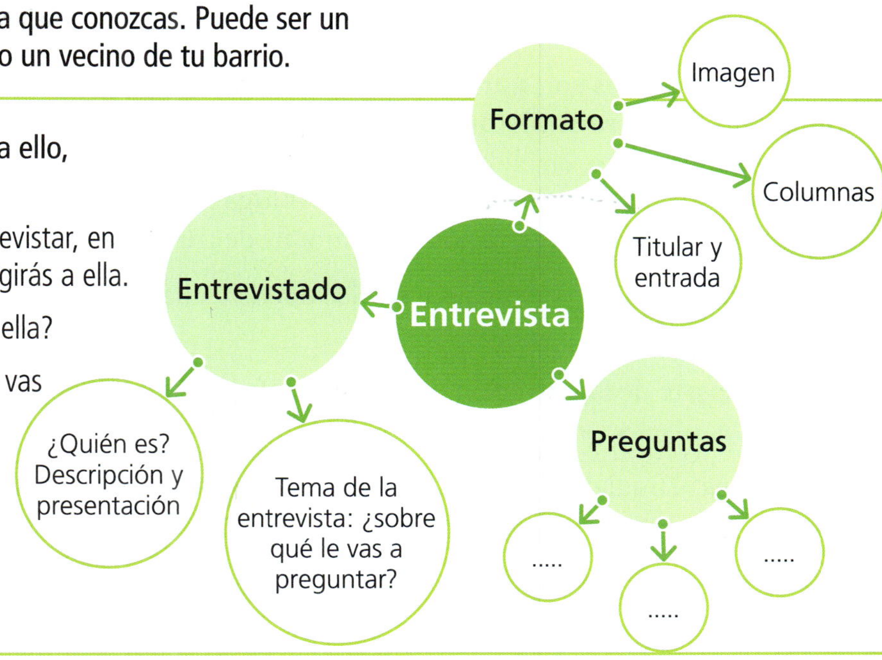

Redacto

6 Después de pensar en estas cuestiones, redacta las preguntas y realiza la entrevista (ten en cuenta la planificación que has hecho).

7 Escribe y da forma a tu entrevista atendiendo a todos los puntos anteriores. No olvides cuidar la ortografía y la presentación.

Mejora tu redacción

Cada parte de una entrevista debe diferenciarse del resto. Para conseguir equilibrio y proporción en la extensión de cada una de ellas debes:

- Prestar atención al número de palabras del titular (que ocupe alrededor de una línea).
- La presentación de la entradilla debe ser breve, pero con oraciones completas.
- Las preguntas han de estar ordenadas de forma que se profundice en la información a medida que la entrevista avanza.
- La extensión de la respuesta tiene que ser, en general, mayor que la de la pregunta correspondiente.

Reviso

8 Relee tu entrevista y valora en tu cuaderno estos puntos para evaluar tu progreso.

9 Luego, intercambiaos las entrevistas y valorad el trabajo de vuestro compañero.

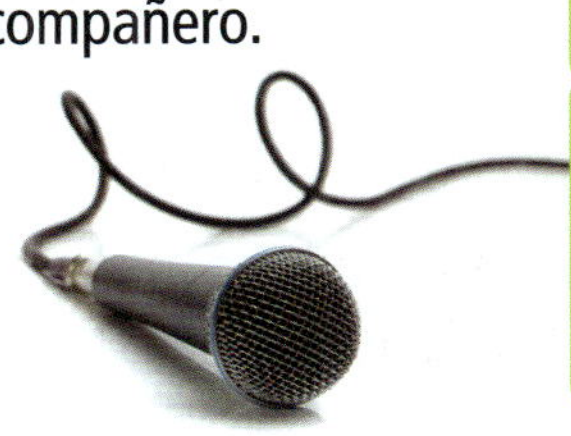

Caligrafía	¿Se entiende la letra?
Ortografía	¿Hay faltas? Corrígelas.
Estructura y redacción	¿Aparecen todas las partes de una entrevista?
	¿Recoge el titular la idea que más te interesa transmitir?
	¿Se entienden las preguntas?
Presentación	¿Se diferencian las preguntas de las respuestas?
	¿Tiene el titular un mayor tamaño de letra?
	¿Hay alguna imagen?

La narrativa I. El cuento popular

Los **cuentos populares** son **narraciones breves** de ficción y de **autor desconocido.** Son de **transmisión oral**, por eso suelen existir varias versiones del mismo cuento. En ellos aparecen **pocos personajes**, y se desarrollan en un **tiempo pasado** y se sitúan en un **lugar desconocido.** Un cuento popular, como toda narración, se compone de tres partes:

- **Inicio:** se presentan los personajes y se dice dónde y cuándo va a suceder la historia.
- **Nudo:** es la parte de la narración en la que se plantea la situación a la que el protagonista va a enfrentarse.
- **Desenlace:** es el final de la historia, donde se soluciona la situación a la que se enfrenta el protagonista.

A veces, los cuentos transmiten una enseñanza al lector.

Los cuentos populares pueden ser de **hadas** o **maravillosos**, de **animales**, de **costumbres** o los brevísimos cuentos de **fórmulas**, que utilizan recursos expresivos como la rima y las repeticiones.

La lechera

Inicio

Una lechera llevaba en la cabeza un cubo de leche recién ordeñada y caminaba **hacia su casa** soñando despierta. «Como esta leche es muy buena», se decía, «dará mucha nata».

Pocos personajes

Se sitúa en el pasado y en un lugar desconocido.

Nudo

Batiré muy bien la nata hasta que se convierta en una mantequilla blanca y sabrosa, que me pagarán muy bien en el mercado. Con el dinero, me compraré un canasto de huevos y, en cuatro días, tendré la granja llena de pollitos, que se pasarán el verano piando en el corral. Cuando empiecen a crecer, los venderé a buen precio, y con el dinero que saque me compraré un vestido nuevo de color verde, con tiras bordadas y un gran lazo en la cintura. Cuando lo vean, todas las chicas del pueblo se morirán de envidia. Me lo pondré el día de la fiesta mayor, y seguro que el hijo del molinero querrá bailar conmigo al verme tan guapa. Pero no voy a decirle que sí de buenas a primeras. Esperaré a que me lo pida varias veces y, al principio, le diré que no con la cabeza. Eso es, le diré que no: «¡así!».

Desenlace

La lechera comenzó a menear la cabeza para decir que no, y entonces el cubo de leche cayó al suelo, y la tierra se tiñó de blanco. Así que la lechera se quedó sin nada: sin vestido, sin pollitos, sin huevos, sin mantequilla, sin nata y, sobre todo, sin leche: sin la blanca leche que la había incitado a soñar.

www.materialesdelengua.org

1 Di si estas afirmaciones son verdaderas o falsas.

- Los cuentos populares son de transmisión oral.
- Los autores de estos cuentos son conocidos.
- Los cuentos de hadas no son de tipo popular.

2 Vuelve a leer el texto y contesta a las siguientes preguntas.

- ¿Qué parte del cuento es la más larga? ¿Por qué?
- ¿Se transmite alguna enseñanza? ¿Cuál?

3 ¿Cómo crees que se sintió la lechera cuando se le rompió el cántaro? ¿Te ha pasado a ti alguna vez algo parecido?

4 Busca o crea imágenes para el cuento anterior y represéntalo ante la clase. Para hacerlo, sigue estas pautas.

- Memoriza el cuento.
- Recítalo mostrando las imágenes que correspondan a cada parte.

Cuando recites el cuento sigue estos consejos:

- Hazlo con voz alta y clara.
- Utiliza una entonación ajustada a los hechos que estás narrando.
- Emplea los gestos adecuados para representarlo.

5 Busca en Internet otra versión del cuento de la lechera. ¿Cambia el relato respecto a la versión que acabas de leer? Indica cuáles son los cambios.

6 Escribe un cuento (con las características de uno popular) en tu cuaderno u ordenador en el que aparezcan dos de los siguientes personajes. Ten en cuenta las características que has aprendido. Debes añadir una imagen para el nudo del cuento.

7 Busca y copia un cuento de fórmula en la siguiente página:
http://www.elhuevodechocolate.com/cuentos/cuentos8.htm.
Luego, inventa tú otro y cántalo en clase como si fuera un rap.

Las ideas principales y secundarias. El subrayado

Un **texto** trata sobre un tema determinado y transmite distintas ideas acerca de él. Estas ideas pueden ser principales o secundarias.

En general, cada párrafo de un texto transmite una **idea** importante, llamada **principal**. Esta idea principal puede aparecer acompañada de una o varias **ideas secundarias** que la amplían o ejemplifican.

El subrayado

Cuando se estudia un texto, resulta útil identificar y **subrayar** sus ideas principales y secundarias. Se pueden utilizar dos colores distintos para diferenciarlas.

Por ejemplo:

«Faraón» es el término con el que se conoce a los **reyes del antiguo Egipto.** El **primero** fue **Narmer**, que gobernó hacia el año 3050 a. C., y la **última, Cleopatra VII**, que reinó desde el año 51 al 30 a. C.

Idea principal: los faraones fueron los reyes del antiguo Egipto.

Idea secundaria: el primero fue Narmer, y la última, Cleopatra VII.

Aplica

1. Lee en voz alta este texto y explica de qué tema trata.

Abu Simbel: los templos ganados al agua

Abu Simbel es un complejo compuesto por dos templos egipcios construido durante el reinado del faraón Ramsés II. Uno de estos templos, el mayor, estaba dedicado a Ramsés II, y el otro, el menor, a Nefertari, su primera esposa.

Ambos templos fueron excavados directamente en la roca y cuentan con grandes estatuas esculpidas en su fachada. Las estatuas del templo mayor son cuatro y representan a Ramsés II sentado. Las del templo menor son seis y muestran a Ramsés II y a Nefertari de pie.

En la década de los años 60 del siglo XX, la construcción de la presa de Asuán en el sur de Egipto amenazó con dejar a ambos templos sumergidos bajo el agua. Ante esta situación, el Gobierno egipcio, con ayuda internacional, los desmanteló y reconstruyó en un lugar cercano. En agradecimiento, Egipto donó distintas construcciones y obras de arte a los países que participaron en el proyecto.

2. Copia el texto y subraya sus ideas principales con un color y las secundarias con otro para estudiarlo.

¿TE ACUERDAS?

1 Desarrolla en tu cuaderno el mapa mental de la unidad.

REPASA

2 Escucha y copia el dictado en tu cuaderno.

3 Elige uno de estos hechos y narra oralmente una noticia para informar acerca de él. Hazlo como si la contaras por la radio.

4 Realiza una entrevista imaginaria a tu personaje de cómic favorito y escríbela en el ordenador.

5 Inventa un cuento popular en el que aparezca una hechicera. Incluye una personificación en el cuento.

6 Copia el texto sobre el cuento popular de la página 128. Después, subraya sus ideas principales y secundarias.

¡ATENCIÓN, PREGUNTAS!

Recuerda hacer las actividades en tu cuaderno o en una hoja aparte.

Un día se presentó el jardinero con [...] una flor radiante, del tamaño de un girasol.

—¡El loto del Indostán! —exclamó el dueño.

Jamás habían visto aquella flor; durante el día la pusieron al sol, y al anochecer a la luz de una lámpara. Todos los que la veían la encontraban espléndida y rarísima; así lo manifestó incluso la más distinguida de las señoritas del país, una princesa, inteligente y bondadosa por añadidura.

Su Señoría tuvo el honor de regalársela, y la princesa se la llevó a palacio.

Entonces el propietario se fue al jardín con intención de coger otra flor de la especie, pero no encontró ninguna, por lo que, llamando al jardinero, le preguntó de dónde había sacado el loto azul. [...]

—Es una vulgar flor del huerto. Pero, ¿verdad que es bonita? Parece un cactus azul y, sin embargo, no es sino la flor de la alcachofa.

Hans Christian ANDERSEN

1. ¿Qué creyó el dueño que era la flor que trajo el jardinero?
   - Un girasol.
   - El loto del Indostán.
   - La flor de una alcachofa.
2. Señala si estas afirmaciones son verdaderas (V) o falsas (F).
   - El jardinero sacó la flor del jardín.
   - El propietario de la flor se la regaló a una persona importante.
   - La flor era difícil de obtener.
3. ¿Tenía la flor un gran valor?
4. Clasifica estas palabras en simples y compuestas: **cortacésped**, **tijeras** y **espantapájaros**.
5. Copia el nombre de una flor mencionada en el texto que sea una palabra compuesta y escribe qué palabras simples la forman.
6. Lee la primera oración del texto y copia sus artículos. Después, escribe si son determinados o indeterminados.
7. Une en tu cuaderno cada determinante demostrativo con la distancia que exprese.
   - **aquella** flor
   - **esos** señores
   - **esta** gata
   - lejos
   - cerca
   - distancia media
8. Completa estas oraciones con los determinantes adecuados.
   - ..... (Una / La) flor que el jardinero encontró no era más que ..... (una / la) flor común y corriente.
   - La princesa vive en ..... (este / aquel) palacio que se ve a lo lejos.
   - ..... (Un / Unos) gorriones se posaron en ..... (ese / esa) árbol.
9. Completa las oraciones con las palabras necesarias.
   - Yago echó un par de ..... al vaso de limonada.
   - Uno de los ..... de la huevera estaba roto.
   - Alejandra ..... ayer con su prima por teléfono.
10. Escribe las palabras definidas a continuación.
    - Quitarle los pétalos u hojas a una flor o planta.
    - Que le falta humanidad o es muy duro o insoportable.

¿Es útil hacer un guion antes de escribir un texto? ¿Por qué?

7 Lo primero es lo primero

Observa las imágenes y analiza las situaciones.

- Describe lo que ves en las fotografías.
- ¿Por qué crees que Raquel mira el televisor mientras hace ejercicio?
- ¿Es sencillo hacer una foto?, ¿y hacérsela a uno mismo? Explica por qué.
- ¿Sobre qué crees que está aconsejando el cocinero al principiante?

- ¿Qué pasos hay que seguir para hacer una foto? Explica cada uno de ellos.
- Reflexiona y piensa en qué situaciones recibes o das instrucciones. Ofrece un ejemplo de cada una de ellas.
- ¿Gesticulas cuando das instrucciones? ¿Podrías seguir unas instrucciones solo con imágenes? Pon algún ejemplo.

A Raquel le encanta hacer ejercicio en el salón de su casa.

Dar instrucciones

1. Escucha la receta que nos da Ana para hacer el bizcocho de su abuela. Realiza las anotaciones que creas necesarias.

2. Responde a estas preguntas.
   - ¿Qué ingredientes necesitas para hacer la receta?
   - ¿Qué hay que añadirle a la mantequilla para recubrir el molde?
   - ¿Qué hay que hacer con los huevos antes de echarlos en la fuente?
   - ¿Por qué crees que dice que hay que preparar el pastel con un adulto?

3. Para cocinar este bizcocho, ¿qué cosas tienes que hacer en primer lugar? ¿Crees que te resultaría más fácil entender una receta si esta estuviera acompañada de imágenes? Explica por qué.

Las **instrucciones** son los pasos que hay que seguir para llevar a cabo una tarea.

Dar instrucciones

- Explicar qué se va a hacer, qué se necesita...
- Expresarse con claridad e indicar los pasos de manera ordenada.
  - En primer lugar...
  - Mientras tanto...
  - Después...
  - Para finalizar...
- Emplear formas verbales como...
  - Echa / Echad...
  - Retira / Retirad...
  - Gira / Girad...
  - Dobla / Doblad...

4. Cuando te explican algo y no lo entiendes, ¿pides que te lo aclaren? Justifica tu respuesta.

5. ¿Es necesario leer los manuales de instrucciones de los electrodomésticos? ¿Por qué?

6. Por grupos, pensad en cómo funciona algún aparato que utilicéis normalmente: el microondas, el secador... Escribid qué instrucciones sobre su uso necesitaría conocer una persona que no lo hubiera utilizado nunca. Después, decidlas en alto delante de vuestros compañeros.

La protagonista del siguiente relato le cuenta a su amiga cómo descubrió que, a veces, los imanes de la nevera no son de mucha ayuda.

La invasión de los imanes

Si tus padres te dicen que no hagas algo, ¿les obedeces? ¿Por qué?

—¡Qué sosa la puerta de tu nevera!

—¿Por qué lo dices, Eva? Encima de que te invito a merendar...

—No sé, tan blanca...

—Cuando mi mamá viaja por trabajo, hace listas de todo: de la limpieza, de la compra de los menús, del horario del perro, de la basura, de las horas en que vendrá la abuela... Yo soy la pequeña y mi hermano David tiene dieciocho años. A esas edades ya nos podemos quedar solos sin tanta instrucción, ni tanta lista. Pero a mamá le gusta controlarlo todo. Te voy a contar una historia.

El día antes de irse a uno de esos viajes la vi acercarse amenazadoramente al frigorífico, con una de sus temibles listas en la mano. Miré con desesperación el frontal de la nevera, que algún día había sido blanco. Ahora parecía un tablero de parchís de mil colores: vales de descuento, dibujos míos, fotos familiares, un calendario atrasado, el horario de actividades extraescolares, recetas de cocina y, por supuesto, listas y más listas: la compra, las tareas de cada uno, las cosas pendientes de mamá, los cumpleaños de toda la familia... Todo ello sujeto por imanes. Y mil listas más que, de tanto verlas, yo ya no las veía. ¡Hay que ver lo que dan de sí los imanes!

—Ana, aquí cuelgo una lista con teléfonos importantes.

—¿Importantes? ¡Si la lista de teléfonos importantes ya está aquí colgada desde hace meses!

Mamá miró el **roñoso** papel amarillento. Efectivamente, según el título, era la lista de teléfonos importantes: *pizzas* a domicilio, pienso a domicilio, tintorería a domicilio, supermercado domicilio, clases particulares a domicilio y medicamentos a…

—¿Lo ves? —solté triunfadora, **previendo** un gesto de **frustración** por su parte.

Pero no. Mamá es sorprendente. En lugar de contrariarse, cogió un bolígrafo-imán de la puerta de la nevera y tachó la palabra «importantes».

—¡Teléfonos de urgencias! —exclamó satisfecha.

Colgó la nueva lista y se fue tan ancha. Me acerqué a leerla. Ahí había de todo: médicos, policía, cerrajeros, protección civil, ambulancias, farmacias, atención ciudadana, tráfico, bomberos, Cruz Roja…

Mamá se fue de viaje al día siguiente, había dejado mil listas de instrucciones y órdenes. Yo llegué del colegio a la hora de siempre. Mi hermano ya estaba en casa.

—¡Vaya rollo! Se va mamá y debo cuidarte. No puedo salir hasta que llegue la abuela.

David a veces es muy simpático.

—¡Ya sé cuidarme sola! —le grité—. No te necesito para nada.

—¡Qué dices! ¡No sabes ni cocinar!

—Sé hacer pasteles, para que te enteres.

Y ahí empezó todo. Yo tenía prohibido tocar los fogones. Pero mi hermano me había sacado de quicio y se iba a tragar sus palabras.

roñoso: que está muy sucio.

prever: conocer o creer saber algo por anticipado.

frustración: sentimiento de tristeza o decepción por no poder satisfacer una necesidad o un deseo.

Decidí enfrentarme yo sola al pastel que tenía previsto hacer con la abuela, más tarde.

David se había encerrado en su habitación con los cascos puestos, así que para él yo ya no existía. Ni yo, ni nadie más en el mundo. ¡Si eso es cuidar de una hermana! Y ahí andaba yo, entre pucheros, disfrutando a mis anchas hasta que...

Hasta que me tocó hacer el azúcar caramelizado.

Incluso ahora no entiendo qué ocurrió. En un segundo, la cocina se llenó de humo. Me asusté y llamé a gritos a David. ¡Ni se enteró! «¿Y si tiro agua?», pensé. Pero para llegar al fregadero, tenía que pasar delante de los fogones, que era justo donde se acumulaba más humo. En ese momento entró el perro en la cocina. ¡El que faltaba!

—¡No entres aquí! —grité, antes de cerrar la puerta y dejarlo ladrando al otro lado.

¡Qué horror! ¿Qué hacer? Mientras pedía auxilio a gritos, pensé en la lista de teléfonos urgentes. ¿O era de teléfonos importantes? Fui corriendo hacia la nevera, intentando controlar mis nervios. ¡La lista! ¿Dónde estaba la lista? ¿Pero qué lista era? ¿A ver... dónde estaba?

El humo se iba haciendo cada vez más espeso. «¡El teléfono de los bomberos! Esta es la lista de la compra. Y esta la de mamá. Y esta... ¡Rayos con las listas! ¿Dónde está el número de los bomberos?».

Con rabia y desesperación, empecé a arrancar listas de la nevera y esa fue la última imagen que recuerdo: multitud de imanes y papeles volando por toda la cocina. Y entre la nebulosa de humo, mi hermano David.

—Ahora, Eva, ya te puedes imaginar qué ocurrió después y por qué la puerta de la nevera en casa está completamente blanca.

Elena O'Callaghan i Duch

Comprendo

Personajes

1 ¿Qué adjetivo describe mejor a la madre de los chicos? ¿Por qué?

triste | despreocupada | precavida ×

porque se preocupa.

Análisis del texto

2 Responde en tu cuaderno a estas preguntas.

- ¿Pensaban la niña y su hermano que necesitaban las listas que su madre les dejaba? ¿Por qué?
- ¿Qué llevó a la niña a preparar el pastel sin esperar a su abuela?
- ¿Por qué su hermano no fue a socorrerla antes?
- ¿Le resultó de utilidad a la niña la lista con los teléfonos de urgencias? ¿Por qué?

3 Fíjate en las ilustraciones del texto y señala cuáles corresponden al relato que Ana le cuenta a Eva. Después, explica qué sucede en cada una de ellas.

Estructura

4 Imagina un desenlace distinto para la historia y escríbelo en tu cuaderno.

Vocabulario

5 ¿Cuál de estas expresiones es sinónima de **sacar de quicio**? Cópiala y escribe una oración con ella.

- sacar adelante
- sacar en claro
- ✗ sacar de sus casillas

6 Explica qué es el **azúcar caramelizado**. Después, indica con qué color y olor lo asociarías.

Habilidad lectora

En un texto, ciertas ideas pueden no aparecer expresadas de forma directa. Sin embargo, es posible deducir estas ideas a partir de otras que sí están en el texto.

7 ¿Qué crees que le sucedió a Ana antes de que la encontrara su hermano? ¿Por qué piensas que David se enteró tarde de que su hermana necesitaba ayuda?

Pienso

8 ¿Crees que la niña actuó de manera responsable al cocinar el pastel? ¿Y su hermano? ¿Por qué?

9 Piensa qué harías en las siguientes situaciones y dialoga con tu compañero sobre ello.

- Te encuentras una billetera con dinero dentro.
- Estás solo en casa y te duele la cabeza.

1 Lee este folleto.

Nuevos contenedores para papel y cartón

Nuestra ciudad cuenta con varios tipos de contenedores para separar los residuos sólidos urbanos. Próximamente se sustituirán los contenedores azules. Los nuevos tendrán mayor capacidad y contarán con un sistema de apertura más cómodo y seguro.

La recogida del contenido de los nuevos contenedores se realizará dos veces por semana.

Recuerda

En un contenedor azul solo se tiran:

- Papeles y cartones sin manchar.
- Periódicos, cuadernos y revistas.

Ayuntamiento de Villabajo

2 Responde a estas preguntas.

- ¿Para qué sirven los contenedores?
- ¿Qué ventajas tendrán los nuevos contenedores para papel y cartón?
- ¿Se puede tirar cualquier papel en un contenedor azul? ¿Por qué?
- ¿A quién va dirigido el texto?

3 Escribe a qué palabra destacada de estos grupos nominales corresponde cada una de las siguientes opciones.

a. **nuestra** ciudad

b. **varios** tipos

c. **dos** veces

- Indica, de manera precisa, cuánto es lo nombrado.
- Expresa a quién pertenece lo nombrado.
- Señala, de manera imprecisa, cuánto es lo nombrado.

4 Escribe qué palabra o palabras subrayadas en el texto corresponden a estas otras más cortas.

Ayto. RSU

5 Lee y explica cómo se ha formado el plural de estas palabras.

ciudad → ciuda**des** vez → ve**ces**

6 Fíjate en estas palabras y completa en tu cuaderno la siguiente regla.

recole**cc**ión	reda**cc**ión	se**cc**ión
↓	↓	↓
recole**ct**ar	reda**ct**or	se**ct**or

Las palabras que se escriben con *-cc-* tienen en su familia otra palabra que incluye las letras ct......

7 Escucha estas palabras y búscalas en el diccionario. Después, ordénalas alfabéticamente.

Los determinantes II. Los posesivos, los numerales y los indefinidos

Además de los artículos y los demostrativos, hay otros determinantes, como los posesivos, los numerales y los indefinidos.

Mi hermano echó **varios** envases de cartón en el **segundo** contenedor.
S P

El determinante posesivo

Los **determinantes posesivos** acompañan a un nombre y señalan a quién pertenece el ser u objeto nombrado. Además, indican si el poseedor es uno solo o son varios. Por ejemplo: ***mi*** *hermano,* ***vuestros*** *zapatos.*

Las formas de los determinantes posesivos son estas:

	SINGULAR		PLURAL	
	masculino	**femenino**	**masculino**	**femenino**
Un solo poseedor	mi, mío	mi, mía	mis, míos	mis, mías
	tu, tuyo	tu, tuya	tus, tuyos	tus, tuyas
	su, suyo	su, suya	sus, suyos	sus, suyas
Varios poseedores	nuestro	nuestra	nuestros	nuestras
	vuestro	vuestra	vuestros	vuestras
	su, suyo	su, suya	sus, suyos	sus, suyas

El determinante numeral

Los **determinantes numerales** acompañan a un nombre y expresan una cantidad o el orden de manera precisa. Pueden ser cardinales u ordinales.

- Los **numerales cardinales** indican una cantidad exacta del ser u objeto nombrado. Por ejemplo: ***tres*** *planetas,* ***veintidós*** *escalones.*
- Los **numerales ordinales** expresan el lugar que ocupa el ser u objeto nombrado en una serie ordenada. Por ejemplo: ***segundo*** *contenedor,* ***vigésimo*** *aniversario.*

El determinante indefinido

Los **determinantes indefinidos** acompañan a un nombre y expresan una cantidad de seres u objetos de forma imprecisa. Por ejemplo: ***varios*** *cartones.*

Son determinantes indefinidos las palabras *algún / algunos, alguna/s, mucho/s, mucha/s, poco/s, poca/s, varios/as, demasiado/s, demasiada/s, bastante/s…*

Como los restantes determinantes, los posesivos, numerales e indefinidos concuerdan en género y número con los nombres a los que acompañan.

Recuerda

Determinantes numerales ordinales

1.º primero	11.º undécimo
2.º segundo	12.º duodécimo
3.º tercero	13.º decimotercero
4.º cuarto	14.º decimocuarto
5.º quinto	15.º decimoquinto
6.º sexto	16.º decimosexto
7.º séptimo	17.º decimoséptimo
8.º octavo	18.º decimoctavo
9.º noveno	19.º decimonoveno
10.º décimo	20.º vigésimo

1 Copia esta oración y rodea sus determinantes posesivos.

Les presté mi balón a Xavi y sus amigos.

2 Completa con determinantes posesivos y escribe cuántos poseedores expresa cada uno.

- Lorena irá con ..... prima al cine.
- Un compañero me prestó un bolígrafo ..... .
- Dile a tu hermana que se dejó ..... gafas.
- Ricardo, ¿de qué raza son ..... perros?

3 Escribe los numerales cardinales y ordinales de estos números: **7**, **12**, **18**, **21**, **33** y **37**.

4 Copia los determinantes numerales de este diálogo y clasifícalos en cardinales u ordinales.

5 Lee este texto y copia los determinantes indefinidos.

Hace muchos años apareció en la playa aquel cofre. Tenía dentro varias monedas de oro y algunas joyas.

6 Sustituye los determinantes numerales de estas oraciones por otros que sean indefinidos.

- Compra ocho barras de pan en el supermercado.
- En la biblioteca había tres personas.
- Este mes he leído cuatro cómics.

7 Copia el siguiente texto y añádele los determinantes **otros**, **primera** y **su**. Después, escribe de qué tipo es cada uno.

Los imanes generan un campo magnético a su alrededor que atrae a otros imanes o a ciertos metales.

Esta propiedad se conoce con el nombre de magnetismo. Se cuenta que fue observada por ..... vez en la antigua ciudad de Magnesia, de ahí ..... nombre.

Las brújulas y los altavoces, entre ..... instrumentos y aparatos, utilizan imanes.

Las abreviaturas y las siglas

Las **abreviaturas** son representaciones reducidas de las palabras que se forman con solo algunas de sus letras. Por ejemplo: ***avda.*** es la abreviatura de la palabra *avenida*.

Las **siglas** son palabras que se crean a partir de las letras iniciales de otras. Por ejemplo: ***AVE*** es la sigla de *Alta Velocidad Española*.

Recuerda

La mayoría de las abreviaturas llevan punto al final: *pág.*

8 Escribe en tu cuaderno la abreviatura de cada una de estas palabras.

izquierda | etcétera | calle | teléfono

9 Escribe las siglas de estos nombres: **Documento Nacional de Identidad**, **Real Academia Española** y **Unión Europea**.

Las palabras terminadas en *-d* y *-z*

El plural de las palabras terminadas en *-d* y *-z* se forma de la siguiente manera:

- A las palabras finalizadas en *-d*, se les añade *-es*: *amistad* → *amistades*.
- En las palabras terminadas en *-z*, se cambia la *-z* por *-c* y se les añade *-es*: *raíz* → *raíces*.

Las palabras con *-c-* y *-cc-*

Las palabras que llevan el grupo de letras *-cc-* siempre tienen en su familia una palabra con el grupo *-ct-*. Por ejemplo: *inyección* → *inyectar*.

Esto permite saber, en caso de duda, si una palabra se escribe con *-c-* o con *-cc-*.

1 **Escribe el singular y el plural de los nombres de los dibujos.**

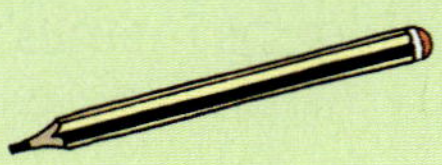

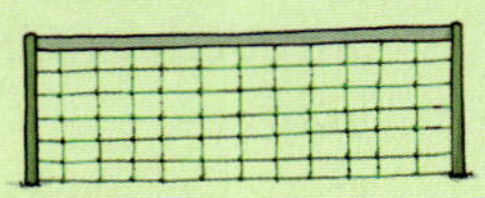

2 **Copia y completa las oraciones con el plural de estas palabras: tapiz, unidad y rapaz.**

- El cóndor y el águila son aves ..... .
- ¿Cuántas ..... tiene este paquete de pañuelos?
- En la sala principal del palacio colgaban varios ..... .

3 **Escribe para cada una de estas palabras otra de su misma familia que lleve el grupo -ct-.**

construcción | atracción | traducción | recolección | destrucción | corrección

4 **Completa en tu cuaderno las oraciones con las palabras correctamente escritas.**

- El viento puede utilizarse para la ..... (producción / produción) de electricidad.
- Los bailes de carnaval son ..... (tradiccionales / tradicionales) en mi pueblo.
- Mi abuelo es un gran ..... (afiiccionado / aficionado) a la ópera.
- La bombera fue condecorada por su valiente ..... (acción / ación).

Pon en práctica

1 Copia y completa este sobre con las pistas proporcionadas.

.....❶: Antonio Pérez
Avda. de los Chopos, 16
Torrealta de la Mocha

Ángeles Gutiérrez
Fábrica de .....❷ «La Divertida», ...❸
C/.....❹, 15, ...❺ planta
Villabolino

ENVÍO URGENTE

❶ Palabra que sea una abreviatura: *Remitente / Rte.*
❷ Plural de la palabra *disfraz.*
❸ Sigla de *Sociedad Anónima.*
❹ Singular de la palabra *Libertades.*
❺ Determinante numeral ordinal: *dos / segunda.*

2 Sustituye las palabras destacadas en las siguientes oraciones por estas abreviaturas o siglas. Después, indica cuáles son abreviaturas y cuáles, siglas.

págs. ONG p. ej.

- Yeray colabora con una **Organización No Gubernamental**.
- ¿Te gustas los moluscos, **por ejemplo** las ostras y los calamares?
- Me leí un libro de 80 **páginas**.

3 Forma en tu cuaderno el singular o el plural de estas palabras, según corresponda.

- actriz → .....
- ..... → huéspedes
- ..... → perdices
- seguridad → .....

4 Copia este texto y corrige los errores de sus determinantes.

Mía tía Aurora vive en un pequeño pueblo de Asturias, a veintiuna kilómetros de Oviedo. Allí tiene una casa con un establo en el que cría algún animales.

5 Copia y completa estas palabras con **-c-** o **-cc-**.

repara.....ión	inspe.....ionar	calefa.....ión
acusa.....ión	instru.....ión	prote.....ión

6 Escucha y copia el dictado en tu cuaderno. Luego, intercámbialo con tu compañero y corregidlo.

Análisis

Det. N N
Mi tía vivió **varios** años en Suiza.
S P

- **mi:** determinante posesivo, femenino, singular.
- **varios:** determinante indefinido, masculino, plural.

7 Analiza en tu cuaderno las palabras destacadas.

La señora Elisa tiene **tres** gatos en **su** casa.

La noticia

La **noticia** es un texto que informa de un hecho de interés ocurrido recientemente. Una noticia cuenta **qué** sucedió, **a quién** le ocurrió, **cuándo** pasó y **dónde** tuvo lugar. También puede informar de por qué y cómo ocurrió un suceso. En la noticia, estos datos se ordenan según su importancia, y el autor nunca da opiniones personales.

1 ¿Sobre qué crees que trata la siguiente noticia? ¿Por qué hay algunas partes escritas con un tamaño de letra más grande?

2 Lee atentamente la siguiente noticia y fíjate en sus partes.

DIARIO SAPIENS — Miércoles, 15 de enero de 2014

Descubren la tumba de un faraón en Egipto

Titular (título de la noticia)

Arqueólogos estadounidenses han hallado los restos de un faraón desconocido hasta el momento.

Entradilla (resumen la noticia)

Una expedición de la Universidad de Pensilvania (Estados Unidos) descubrió ayer, al sur de El Cairo (Egipto), la tumba del faraón Senebkay, que gobernó el país hace más de 3 600 años.

El descubrimiento de la tumba se realizó en Abydos, a unos 500 km de la capital egipcia. Allí se encontró un papiro real que contenía los jeroglíficos con el nombre del rey Senebkay. Dentro del sarcófago, que tenía varias toneladas de peso, se hallaron los restos del faraón, que pudo tener una estatura de 1,85 metros.

Cuerpo (texto de la noticia)

Analizo

Las noticias se difunden en los medios de comunicación: prensa, radio, televisión e Internet. Es importante mantenerse informado y conocer los sucesos que ocurren en el mundo.

3 Reflexiona.

- ¿Cómo se destaca el titular?
- ¿Qué relación existe entre la fotografía y el texto?
- ¿Crees que la entradilla resume correctamente la noticia?
- Piensa otro titular para esta noticia.
- ¿Cuál es la finalidad de la noticia?

4 Vuelve a leer el texto y responde.

- ¿De qué hecho informa la noticia?
- ¿Cuándo y dónde pasó?
- ¿Qué significa la palabra *sarcófago*?
- ¿Quién realizó el hallazgo?
- ¿Da su opinión el periodista sobre el descubrimiento? ¿Por qué?

Escribe la noticia de un hecho ocurrido en tu colegio.

Planifico

5 En primer lugar, redacta un guion. Antes de empezar, debes:

- Elegir sobre qué vas a informar.
- Pensar los datos que respondan a todas las cuestiones: qué, quién, dónde, cuándo…
- Pensar en qué titular sería el más adecuado.
- Buscar una imagen que ayude a entender la noticia.

Puedes tomar como modelo este mapa mental y completarlo.

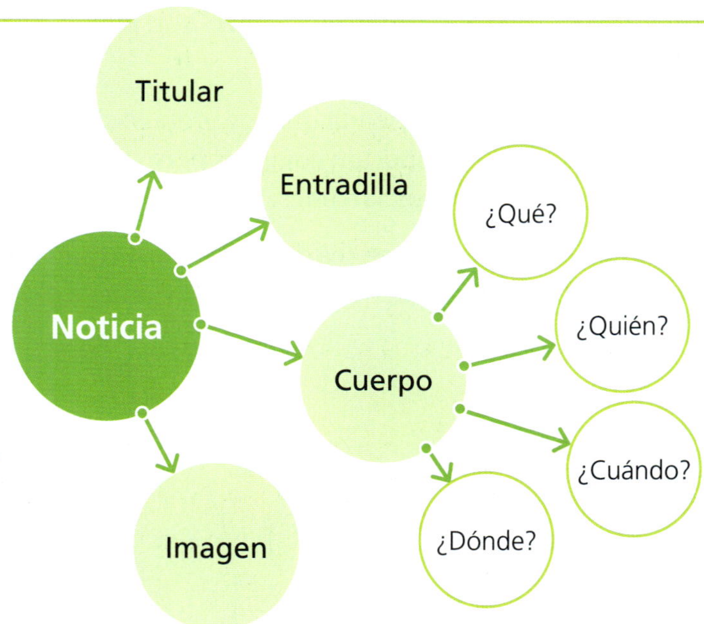

Redacto

6 Elabora un borrador con los datos de tu guion. Elige el lugar que ocupará la imagen.

7 Redacta la noticia teniendo en cuenta la planificación que has hecho. No olvides cuidar la ortografía y la presentación.

Mejora tu redacción

El titular y la entradilla de una noticia son importantes porque captan la atención del lector antes de que la lea completa. Deben, además de llamar su atención, incluir los datos más relevantes de la noticia. Para ello, puedes:

- En el caso del titular, comenzar con expresiones como: *Se halla…*, *Se descubre…*, *Se consigue…*, *Se detiene…*
- En el caso de la entradilla, hacer referencia a lo más importante de la noticia, indicando fundamentalmente a quién y a qué se refiere: *Los investigadores descubren…*, *La policía detiene…*

Reviso

8 Relee tu texto y valora en tu cuaderno estos puntos para evaluar tu progreso.

9 Después, intercambiaos las noticias y valorad el trabajo de vuestro compañero.

Caligrafía	¿Se entiende la letra?
Ortografía	¿Hay faltas? Corrígelas.
Estructura y redacción	¿Aparecen todos los elementos de la noticia?
	¿El titular y la entradilla llaman la atención del lector y cumplen con su función de informar de los datos principales?
Presentación	¿Has separado las oraciones utilizando puntos?
	¿Destaca el titular sobre el resto de la noticia?

La narrativa II. La fábula

La **fábula** es una obra del género narrativo que puede estar escrita en verso o en prosa.

Se trata de una historia breve en la que los protagonistas suelen ser animales. Estos hablan y se comportan como las personas, apareciendo como ejemplos de sus defectos y sus virtudes.

La finalidad de la fábula es entretener al lector, así como transmitir una enseñanza, llamada **moraleja,** que siempre está situada al final de la historia.

El perro y el cocodrilo

Bebiendo un perro en el **Nilo**,
al mismo tiempo corría.
—Bebe quieto —le decía
un **taimado** cocodrilo.
Díjole el perro prudente:
—Dañoso es beber y andar;
pero, ¿es sano el aguardar
a que me claves el diente?
¡Oh, qué ***docto*** *perro viejo!*
Yo venero su sentir
en esto de no seguir
del enemigo el consejo.

Félix María de Samaniego

Nilo: río de África.

taimado: astuto, con gran habilidad para engañar.

docto: sabio.

Félix María de Samaniego (1745-1801) fue un famoso escritor español de fábulas. De origen noble, se interesó en ayudar con sus fábulas a las personas a conocerse y mejorar.

1. Vuelve a leer el texto anterior y completa en tu cuaderno esta ficha sobre la fábula.

- Tipo de texto: ☒ literario ☐ no literario
- Se trata de una obra del género: ☐ lírico ☒ narrativo ☐ dramático
- Está escrito: ☐ en prosa ☒ en verso
- ¿Aparece el texto dividido en estrofas?: ☐ sí ☒ no
- Número de versos del texto: ...12
- ¿Qué versos riman entre sí?: 1-4, 2-3, 6-7, 10-10-5-8, 9-12
- La rima es: ☐ asonante ☐ consonante

2. Responde a estas preguntas.

- ¿Qué consejo le dio el cocodrilo al perro?
- ¿Era su intención verdadera ayudarlo? Si no, ¿cuál era?
- ¿Qué le respondió el perro?
- ¿Qué característica humana representa cada animal de la fábula?

3. Reescribe con tus palabras la moraleja de la fábula anterior.

4. Completa la siguiente fábula, escribiendo una moraleja.

La paloma y la hormiga

Obligada por la sed, una hormiga bajó a un manantial; arrastrada por la corriente, estaba a punto de ahogarse.

Viéndola en esta emergencia una paloma, desprendió de un árbol una ramita, la arrojó a la corriente, montó encima a la hormiga y la salvó.

Mientras tanto un cazador de pájaros se adelantó con su arma preparada para cazar a la paloma. Lo vio la hormiga y lo picó en el talón, haciendo soltar al cazador su arma. Aprovechó el momento la paloma para alzar el vuelo.

ESOPO

5. Relaciona las enseñanzas de las fábulas anteriores con un sentimiento.

6. Inventa una fábula con estas partes y esta moraleja: «La unión hace la fuerza». Luego, cuéntala en clase.

Hace muchos años, un elefante le dijo a una hormiga...
Entonces, la hormiga...
Al final, el elefante...

La búsqueda de información en Internet

Internet es una red de información mundial que nos da acceso a una gran cantidad de datos sobre distintos temas. Esta información la encontramos en páginas web identificadas mediante una dirección.

El buscador **Google Art Project** te permite acceder a muchos museos del mundo y ver sus obras.

Para buscar información en Internet, puedes utilizar:

- **Páginas web** dedicadas a temas específicos. En ellas es posible encontrar información sobre distintos temas. Pueden pertenecer a instituciones (como organismos oficiales, museos, fundaciones, etc.) o empresas.
- **Enciclopedias digitales,** como Wikipedia. Se trata de obras que recogen información explicada y detallada sobre distintos temas.
- **Periódicos y revistas digitales,** que presentan las noticias más actuales.
- **Buscadores,** como Google o Yahoo. Son herramientas que permiten localizar información en la red a partir de una o más palabras clave escritas por el usuario.

  Por ejemplo, si tecleas en un buscador ***Las Meninas,*** estos son algunos de los resultados que obtienes:

- Las Meninas - Wikipedia, la enciclopedia libre
  es.wikipedia.org/wiki/**Las_Meninas**
- Las Meninas, o La familia de Felipe IV - Museo Nacional del Prado ...
  www.museodelprado.es/...on.../la-familia-de-felipe-iv-o-**las-meninas**/
- «Hay otras Meninas, y son de Velázquez» - ABC.es
  http://www.abc.es/cultura/20131002/rc-otras-**meninas**-velazquez-201310021541.html

Aplica

1 Observa los resultados de la búsqueda anterior sobre *Las Meninas* e indica qué página web es de un periódico, cuál de una institución y cuál pertenece a una enciclopedia digital. Después, haz la misma búsqueda y realiza estas tareas.

- Localiza en una enciclopedia digital quién pintó la obra, en qué fecha lo hizo y qué personajes aparecen en ella.
- Averigua en la página web del Museo del Prado cuáles son las medidas del cuadro.
- Busca la noticia del ejemplo o cualquier otra sobre *Las Meninas* y resúmela.

2 Encuentra información en Internet sobre el volcán Etna y resúmela escribiendo un texto que incluya los siguientes aspectos.

- Situación y datos geográficos: localización, altura, poblaciones cercanas...
- Actividades turísticas que se pueden realizar en la zona:
  - Rutas de senderismo.
  - Visitas guiadas.
  - Actividades deportivas.
- Noticias sobre erupciones recientes.
- Información sobre la historia del volcán.

¿TE ACUERDAS?

1 Desarrolla en tu cuaderno el mapa conceptual de la unidad.

REPASA

2 Escucha y copia el dictado en tu cuaderno.

3 Explícale a tu compañero cómo preparar tu sándwich o bocadillo favorito.

4 Elige uno de estos dos titulares y escribe la noticia correspondiente. Puedes inventarte los datos que desconozcas.

> La nave espacial china Shenzou 27 llega a Marte
>
> Científicos hallan los restos de una nueva especie de tiranosaurio

5 Encuentra en Internet información sobre el escritor Jean de La Fontaine y completa la siguiente ficha. Después, busca una fábula suya y léela.

Fecha y lugar de nacimiento:	Fábulas más conocidas: .....
Actividad en la que destacó:	Fecha y lugar de muerte: .....

¡ATENCIÓN, PREGUNTAS!

Recuerda hacer las actividades en tu cuaderno o en una hoja aparte.

Hace miles y miles de años, una familia de cromañones estaba preparándose para tumbarse en una pradera verde y fresca para dormir una siesta larga y reparadora.

Los niños, Ug y Pug, insistieron en que querían ir a ver dinosaurios en vez de acostarse, pero sus padres les dijeron que ni hablar, que primero tenían que dormir la siesta. Total, que los pequeños cromañones agarraron tal rabieta que uno cogió un palo y empezó a dar con él en el suelo a lo bestia y el otro dos piedras y empezó a chocar una contra otra con fuerza, mientras los dos repetían: «Dejadnos ir, dejadnos ir...». Y los padres que no, que no y que no.

En un momento dado, de tanto darles a las piedras, del frotamiento salió una chispa y saltó hacia el trozo de madera y el palo, de repente, se puso a arder.

La familia de cromañones se quedó de piedra, nunca mejor dicho, miraban las llamas y no daban crédito a lo que veían sus ojos, jamás habían visto algo igual a aquella cosa roja que parecía que se estaba comiendo el palo.

Victoria Bermejo

1. ¿Qué se cuenta en el texto?
   - La invención de las armas.
   - La invención del fuego.
2. Señala si estas afirmaciones son verdaderas (V) o falsas (F).
   - Ug y Pug se pelearon entre ellos.
   - Los padres ya conocían el fuego.
3. ¿El fuego se inventó a propósito o por casualidad?
4. Clasifica estos determinantes según su tipo: **bastante**, **sus** y **tercer**.
5. Completa en tu cuaderno estas oraciones con los determinantes adecuados.
   - Pug chocó ..... (dos / segunda) piedras entre sí.
   - Mónica salió con unas amigas ..... (sus / suyas).
   - En el monedero había ..... (pocas / muchas) monedas: solo dos o tres.
6. Corrige los determinantes incorrectos de estas oraciones.
   - En el prado había alguna dinosaurios.
   - La clínica dental está en la cuarto planta del edificio.
7. Copia las abreviaturas de esta oración y escribe las palabras a las que corresponden: **Dña. Macarena González vive en la pza. de la Primavera, n.º 3.**
8. Forma las siglas de estos nombres: **Enseñanza Secundaria Obligatoria**, **Organización de las Naciones Unidas** y **Radio Nacional de España**.
9. Completa en tu cuaderno estas palabras con las letras que faltan.

pare.....	destru.....ión
emperatri.....	publica.....ión
clarida.....	ridicule.....

10. Forma los plurales de estas palabras.

abad — avestruz — solicitud — fugaz

¿Qué ventaja crees que tiene utilizar abreviaturas y siglas al escribir?

8 Poesía eres tú...

Observa y analiza las imágenes.

- ¿Qué te sugiere la fotografía del libro? ¿Crees que es poética? ¿Por qué?
- Fíjate ahora en la imagen del teatro: ¿qué crees que está haciendo la señora junto al escenario?
- ¿En qué lugares y situaciones has escuchado recitar poemas? ¿Coinciden con alguna de las que se muestran en las imágenes?

- ¿Has recitado algún poema en público? ¿Cómo te sentiste o crees que te sentirías si lo hicieras? ¿Por qué?
- ¿Qué piensas que es lo más importante a la hora de recitar un poema: sabérselo de memoria o transmitir los sentimientos que expresa? Justifica tu respuesta.
- En parejas, seleccionad un poema que os guste. Después de leerlo en silencio y comprenderlo, recitáoslo el uno al otro.

Recitar un poema

1 Escucha el siguiente recitado de Federico. Realiza las anotaciones que creas necesarias.

2 Responde a estas preguntas.

- ¿Por qué motivo recitó Federico un poema en el salón de actos del colegio?
- ¿Quién es el autor del poema que recitó?
- ¿Cuál crees que es el tema del poema?
- ¿Con qué compara el poeta los recuerdos?

3 ¿Crees que Federico recita bien el poema? ¿Por qué? ¿Cómo imaginas que se sintió Federico cuando lo hizo? ¿Por qué? ¿Piensas que es más fácil recitar un poema triste que uno alegre? Justifica tu respuesta.

Para **recitar un poema,** hay que comprenderlo y entonar correctamente, llevando el ritmo adecuado para transmitir, además de palabras, sentimientos.

Recitar un poema

- **Comprenderlo**
  - ¿Qué significan sus palabras?
  - ¿De qué trata?
  - ¿Qué sentimientos transmite?
- **Repetirlo despacio y pronunciar bien cada palabra.**
- **Entonar correctamente cada verso y expresarse con el ritmo apropiado.**
- **Acompañar las palabras con los gestos y el tono de voz adecuados.**

4 ¿Por qué crees que es importante leer con mucha atención el poema antes de recitarlo?

5 ¿Qué diferencias encuentras entre leer un poema y escucharlo? ¿Qué prefieres? ¿Por qué?

6 Inventa un poema. Después, apréndetelo de memoria y recítalo delante de tus compañeros siguiendo las recomendaciones anteriores.

Una mañana, Federico descubre que algo extraño le sucede a su forma de hablar.

Versitis aguda

¿Crees que las personas podríamos vivir sin comunicarnos? ¿Por qué?

Cuando Federico se despertó, ya notaba algo raro. No sabía de qué se trataba porque aquello no le había ocurrido nunca antes, pero tenía claro —tal vez por instinto— que ese cosquilleo en la garganta y el extraño sabor de boca... no presagiaban nada bueno.

Se levantó enseguida y fue hasta el cuarto de baño diciendo:

—¡Mamá, siento algo raro;
creo que me he puesto malo!

Su madre lo miró a los ojos, dejó la toalla sobre el lavabo y se sacó del bolsillo del pijama un **abatelenguas** y una linterna. Como era médica de urgencias en el hospital, le gustaba estar siempre preparada.

abatelenguas: instrumento que se aplica sobre la lengua para dejar libre la faringe.

—Mmmm, es muy curioso... —dijo arrugando la nariz para ver mejor—. A ver, di algo.

—¿Y qué quieres que te diga?
No me duele la barriga...

La mujer se apartó rápidamente de él y se tapó la cara con la cortina de la bañera. A continuación, rebuscó en sus bolsillos, sacó una mascarilla y se la colocó a Federico, cubriéndole con ella la boca y la nariz:

—¡Espero que no me lo hayas pegado! —dijo—. Hacía mucho tiempo que no me encontraba con un caso similar... ¡Y es muy contagioso!

—Mamá, me estás asustando...
¡Que sabes que soy muy blando!

reprender: regañar o corregir a una persona.

erradicar: arrancar de raíz o suprimir algo por completo.

—Pssss. Cállate y no abras la boca —le **reprendió** ella—. Se trata de un ataque de *versitis* aguda. Y no es una enfermedad grave. Solo... un poco molesta. En el Siglo de Oro era muy habitual. Por fortuna, hoy en día está prácticamente **erradicada**. Pero mira, de vez en cuando aparece un pequeño brote sin importancia. Así que no te preocupes, porque se cura sola y no tienes que tomarte ninguna medicina. Eso sí... no podrás ir al colegio. ¡Es supercontagiosa!

Así que hoy te quedas en casa,
a ver si se te pasa...

Y, al decir aquello, la madre de Federico dio un respingo, se tapó la boca con una mano y salió corriendo del cuarto de baño.

—¿Y qué voy a hacer aquí,
todo el día sin salir...?

—¡Que no abras la boca!
¡Que me voy a volver loca! —gritó ella, desde la planta de abajo.

Federico regresó a su cuarto, escribió en un folio un cartel que ponía: «Prohibido el paso: zona de alto contagio», y lo colocó en la puerta de su habitación. Después se quitó la mascarilla y la tiró sobre su mesa de estudio. Ahora no tenía por qué llevarla puesta, porque estaba solo. Profundamente solo. Solitariamente solo. Sin sus padres, sin sus compañeros del colegio, sin sus amigos... Entonces se le ocurrió que una noticia de tal calibre había que compartirla inmediatamente. Tenía que contarles a sus amigos que no iría a clase porque padecía de aquella antigua y extraña enfermedad que le hacía hablar raro.

¿Pasaría algo si hacía una llamada? ¿Se contagiaría a través del hilo telefónico? No... Seguro que no...

Federico cogió el teléfono y, tras pensarlo unos segundos, decidió empezar por Maribel. Marcó su número y...

—Maribel, ¿sabes qué?
Que hoy me he despertado
hablando raro...

¡Y no puedo salir,
porque esto se contagia
como por arte de magia!

Después llamó a Adrián. Y a Arturo, pero Arturo ya no estaba en casa porque había salido camino del colegio...

Así que Federico llamó a su padre al trabajo, a tía Herminia, al conserje del colegio, al conductor del autobús, a sus primos los mellizos, al quiosquero de la esquina, a la vecina de abajo y a la de arriba... ¡Y a todos les contó lo mismo!

Qué gran invento, el teléfono. Gracias a él, uno no se sentía tan solo, aunque no pudiera salir de su cuarto porque estuviera afectado por una extraña enfermedad.

Entre llamada y llamada, a Federico se le pasó la mañana. Y como ahora no sabía qué hacer, fue hacia el salón y encendió el televisor. En ese momento, cortaban la emisión de la programación habitual para dar una noticia de última hora. El presentador se aclaró la garganta y ordenó sus papeles sobre la mesa. Se dirigió hacia la cámara y, con voz solemne, dijo:

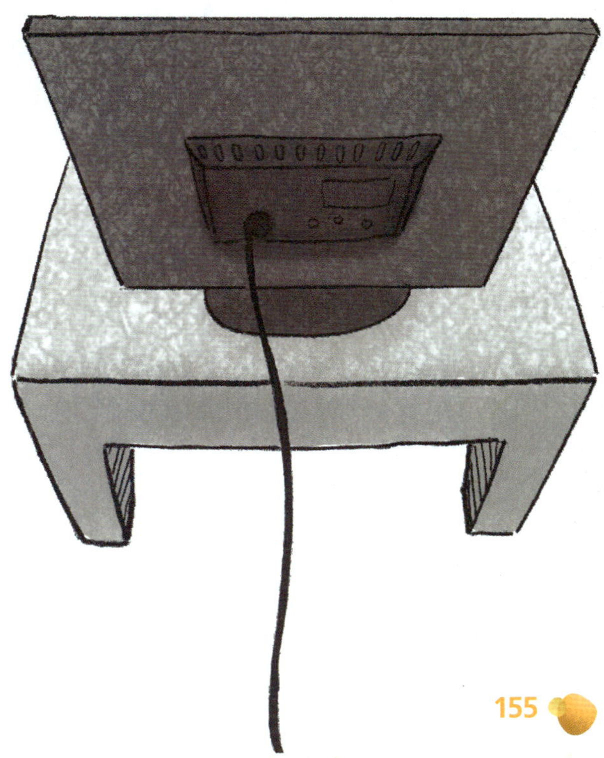

—Un brote de versitis *azota la ciudad.*
No sirven mascarillas, bufandas ni paraguas,
porque esta enfermedad se instala en la garganta
y hace que las palabras
se parezcan al final.

Es un virus, y, para lidiar con él,
los médicos recomiendan
usar lápiz y papel.

Entre todos los poemas...
alguno merecerá la pena.

Roberto Aliaga

Comprendo

Personajes

1 ¿Cuáles de estos sentimientos experimentó Federico? ¿Cuándo los experimentó?

miedo | compasión | soledad | rabia

Análisis del texto

2 Responde en tu cuaderno a estas preguntas.

- ¿Por qué crees que la enfermedad que tenía Federico se llamaba *versitis*?
- ¿Se había encontrado la madre de Federico con muchas personas que padecieran la enfermedad? ¿Por qué?
- ¿Cuál era el mayor peligro de un brote de *versitis*?
- ¿Quién más se enfermó de *versitis* aparte de Federico?

3 Fíjate en esta ilustración sobre el texto y señala qué error presenta.

Estructura

4 Escribe la causa por la que suceden los siguientes hechos del relato.

- Federico enciende el televisor del salón.
- La madre de Federico se tapa la boca con la cortina.
- Federico se quita la mascarilla en su habitación.

Vocabulario

5 ¿Es el nombre **abatelenguas** una palabra simple o compuesta? De ser una palabra compuesta, ¿qué palabras la forman?

Compuesta

6 Busca información en una enciclopedia sobre el llamado Siglo de Oro y explica en qué consistió y por qué se denominó así.

Habilidad lectora

Un texto puede aparecer acompañado de imágenes, mapas, gráficos... Al leerlo, es importante interpretar correctamente la información que aportan.
En ocasiones, la información de los elementos gráficos ayudan a comprender el texto, otras veces, tan solo acompañan y embellecen la lectura.

7 Observa las imágenes que acompañan al texto que has leído e identifica a qué partes corresponden.

Pienso

8 ¿Cómo crees que se sintió Federico al hablar por teléfono? ¿Por qué?

9 Piensa qué errores se cometen habitualmente al hablar o escribir que dificultan la comunicación. Después, dialoga sobre ello con tu compañero y haced una lista con aquellos en los que ambos estéis de acuerdo.

1 Lee esta postal.

Copenhague, 10 de febrero de 2014

Hola, Paula:

Ayer llegué a Copenhague. Es una ciudad muy bonita, con muchos lugares y monumentos interesantes para visitar. Por la mañana paseé por el puerto y vi la famosa escultura que homenajea a la protagonista de la narración *La sirenita,* del escritor Hans Christian Andersen. Eso sí, suerte que le hice caso a mi primo Carlos y traje ropa de abrigo. Él me había advertido del frío que hace en Copenhague en febrero.

Cuando vuelva, te mostraré todas las fotos que he sacado.

Un beso,

Adriana

Paula Ferreras
C/ del Olmo, 15
13700 Tomelloso
Ciudad Real

2 Responde a estas preguntas.

- ¿Quién escribió la postal? ¿Para quién lo hizo?
- ¿En qué estación del año visitó Copenhague?
- ¿Le sorprendió la temperatura que hacía allí? ¿Por qué?

3 Copia las dos palabras de esta oración que permiten referirse a una persona sin mencionar su nombre.

Él me había advertido del frío que hace en Copenhague en febrero.

4 Explica a partir de cuál de las siguientes palabras se ha formado el nombre **narración**. Después, escribe qué clase de palabra es.

relatar | contar | narrar

5 Completa en tu cuaderno estas palabras con **b** o **v** y señala si ambas letras representan el mismo sonido o no.

ad.....ertido | fe.....rero

6 Escucha estas palabras, cópialas y búscalas en el diccionario. Después, ordénalas alfabéticamente.

Los pronombres personales

Los **pronombres personales** son palabras que se emplean para referirse a los seres u objetos sin mencionar su nombre. Por ejemplo, en la oración *Ella la envió desde Copenhague,* las palabras *ella* y *la* son pronombres personales que se utilizan para referirse a una persona y a un objeto, respectivamente, sin mencionar sus nombres.

Ella la envió desde Copenhague.
S P

Los pronombres personales se refieren a diferentes personas:

- Los pronombres personales de **primera persona** nombran a quien habla. Por ejemplo: *yo, nosotros, mí...*
- Los pronombres personales de **segunda persona** nombran a quien escucha. Por ejemplo: *vosotras, contigo...*
- Los pronombres personales de **tercera persona** nombran al ser u objeto de quien se habla. Por ejemplo: *él, lo...*

Pueden estar en **singular** *(tú, conmigo...)* o en **plural** *(vosotros, les...)*. Además, un pronombre puede ser el núcleo (N) de un grupo nominal.

Tipos de pronombres personales

Hay dos tipos de pronombres personales: los tónicos y los átonos.

- Los **pronombres personales tónicos** pueden aparecer solos. Por ejemplo: *¿Quién quiere flan de postre? Yo.*
- Los **pronombres personales átonos** nunca van solos, sino que siempre aparecen antes o después de un verbo. Por ejemplo: *Juan me dio un abrazo.*

  En caso de aparecer después de un verbo, el pronombre personal átono se une a él para formar una sola palabra. Por ejemplo: *Dame la sal, por favor.*

Las formas de los pronombres personales son las siguientes:

		Primera persona	Segunda persona	Tercera persona
SINGULAR	Tónicos	yo, mí, conmigo	tú, usted, ti, contigo	él, ella, sí, consigo
	Átonos	me	te	se, lo, la, le
PLURAL	Tónicos	nosotros, nosotras	vosotros, vosotras, ustedes	ellos, ellas, sí, consigo
	Átonos	nos	os	se, los, las, les

Recuerda

Hay pronombres personales y determinantes que se escriben parecido o igual. Por ejemplo:

Tú eres alto. → ***tú:*** pronombre personal.

Tu chaqueta está en el armario. → ***tu:*** determinante posesivo.

En este caso, el pronombre personal lleva tilde y el determinante no.

1 Copia la siguiente oración que incluya un pronombre personal y rodéalo.

- Javier ha llegado tarde.

Él ha llegado tarde.

2 Di si en la oración anterior el pronombre personal es el núcleo (N) del sujeto o no y explica por qué.

3 Completa las siguientes oraciones con los pronombres personales tónicos **ella**, **yo** y **vosotras**. Después, escribe a qué persona corresponde cada uno.

- ..... estudió italiano de pequeña.
- ¿Iréis ..... a la función de teatro?
- Mi amigo y ..... os esperaremos.

4 Sustituye en estas oraciones las palabras destacadas por pronombres personales tónicos. Después, representa en clase mediante gestos cada uno de estos pronombres personales.

- **Alba e Inés** van a clases de piano.
- **Mi primo y yo** somos altos.
- **Erik y tú** os encargaréis de comprar las entradas.

5 Copia estas oraciones y rodea los pronombres personales átonos. Después, subraya en las preguntas las palabras a las que sustituyen.

- ¿Has felicitado a Marta por su cumpleaños? Sí, ya la he felicitado.
- ¿Tienes las gafas? No, no las tengo.
- ¿Para qué guardaste el libro en la mochila? Para llevarlo al colegio.

6 Escribe de qué clase es cada una de las palabras destacadas de estas oraciones.

- **Él** vive en **el** centro de la ciudad.
- No encuentro las llaves, ¿sabes si **los** niños se **las** llevaron?

7 Localiza en este texto un pronombre personal y escribe su tipo, persona y número.

> Los *bertsolari* son los improvisadores de versos en euskera. Herederos de una tradición ancestral, ponen en marcha su creatividad cuando alguien les propone un tema.
>
> www.muyinteresante.es

La formación de los nombres

Muchos **nombres** se forman añadiendo sufijos a otras palabras, que pueden ser también nombres, adjetivos o verbos. Por ejemplo:

- *huevo* (nombre) + *-era* → *huevera*
- *delicado* (adjetivo) + *-eza* → *delicadeza*
- *interrogar* (verbo) + *-ción* → *interrogación*

8 Forma nombres con estas palabras.

a. fortificar	• -dad
b. guitarra	• -ista
c. basura	• -ero
d. húmedo	• -ción

9 Completa estas oraciones con nombres formados a partir de las palabras entre paréntesis.

- Almería se caracteriza por la ..... (árido) de su clima.
- Carlos guardó la tarjeta en la ..... (carta).
- Las paredes de mi ..... (habitar) son de color marrón.

Las palabras con *b* y con *v*

El sonido representado por las letras ***b*** y ***v*** es el mismo. En algunas palabras, este sonido se escribe con *b* y en otras con *v*.

Se escriben con ***b*:**

- Las palabras que empiezan por las sílabas ***bu-***, ***bur-***, ***bus-***. Por ejemplo: *bucear, burla, buscar.*
- Las palabras que empiezan por los prefijos ***bi-***, ***bis-***, ***biz-***. Por ejemplo: *biplaza, bisabuelo, biznieto.*
- Las palabras con este sonido delante de ***l*** o ***r***. Por ejemplo: *sensible, bramido.*
- Las palabras con este sonido al final de una sílaba o de la palabra. Por ejemplo: *absurdo, web.*

Se escriben con ***v*:**

- Las palabras que comienzan por los elementos ***vice-***, ***vi-***, ***viz-*** (en lugar de). Por ejemplo: *vicepresidente, virreina, vizcondado.*
- Las palabras que empiezan por ***eva-***, ***evi-***, ***evo-***, ***eve-***. Por ejemplo: *evaluar, evitar, evolución, evento.*
- Las palabras con este sonido después de ***ad-***, ***sub-***. Por ejemplo: *adversario, subvencionar.*
- Los adjetivos terminados en -***ave***, -***avo/a***, -***evo/a***, -***eve***, -***ivo/a***. Por ejemplo: *grave, bravo, longeva, breve, positivo.*

En general, se escriben con ***b*** o ***v*** todas las palabras de una misma familia de palabras que lleven ese sonido. Por ejemplo: *botella, botellín, embotellar.*

Algunas **palabras homófonas** se escriben con ***b*** o ***v***. Por ejemplo: *bello* (hermoso) / *vello* (pelo fino).

1 Clasifica estas palabras según se escriban con **b** o con **v** y explica qué regla sigue cada una.

vicecónsul	club	búfalo	evidente
adversidad	biznieto	curativo	nublado

2 Completa estas oraciones con las palabras correctamente escritas.

- Marcos enchufó el ..... (cable / cavle) a la toma de la pared.
- La jugadora cometió una falta ..... (lebe / leve).
- El agua de la lluvia se ..... (ebaporó / evaporó).

3 Relaciona las palabras de la misma familia.

bolsa   borrar   vestir   valer

vestuario   valiente   borroso   desembolsar

4 Completa estas definiciones y escribe una oración con cada palabra.

- botar (dar .....) / votar (elegir mediante el .....)
- tubo (pieza hueca y .....) / tuvo (forma del verbo .....)
- bienes (suma de .....) / vienes (forma del verbo .....)

Pon en práctica

1 **Copia y completa este fragmento del reglamento de una carrera con las pistas proporcionadas.**

1. Todo corredor debe llevar el dorsal .....1 que la organización .....2 proporcionará. Este debe colocarse de forma visible en la camiseta.

2. Los corredores no pueden portar ningún objeto que resulte peligroso para .....3 mismos o para los demás participantes.

3. Es obligatorio que los participantes atiendan las .....4 que los .....5 de la organización les realicen durante la carrera.

1 Palabra correctamente escrita: *identificatibo / identificativo.*
2 Pronombre personal átono. 3 Pronombre personal tónico.
4 Nombre formado a partir del verbo *indicar.* 5 Palabra correctamente escrita: *responsables / responsavles.*

2 **Copia este texto y corrige sus pronombres personales incorrectos.**

—¿Damos un paseo en patinete?

—Sí, les parece una buena idea.

—Podríamos invitar a Adrián; seguro que a ella le apetece también venir.

—De acuerdo. Si quieres, paso por su casa para invitarme.

3 **Crea nombres a partir de las siguientes palabras. Después, rodea los sufijos con los que se forman.**

fiambre	breve
acusar	torpe

4 **Completa en tu cuaderno estas palabras con b o v.**

a...domen	...icolor	nue...o
...icedirector	e...asión	...urbuja

5 **Inventad en grupo una canción divertida que explique cuándo escribir vaca y cuándo, baca.**

6 **Escucha y copia el dictado en tu cuaderno. Después, intercámbialo con el de tu compañero y corregidlo.**

Análisis

N N
Nosotros iremos a buscar**la** mañana **contigo.**
S P

- **nosotros:** pronombre personal tónico, 1.ª persona, plural.
- **la:** pronombre personal átono, 3.ª persona, singular.
- **contigo:** pronombre personal tónico, 2.ª persona, singular.

7 **Analiza en tu cuaderno las palabras destacadas.**

¿**Lo** habéis leído **vosotras** también?

El texto expositivo

Un **texto expositivo** es aquel en el que se explica, de manera ordenada y objetiva, un tema determinado. Las exposiciones suelen estar divididas en párrafos, uno para cada aspecto o idea del tema tratado. Además de texto, una exposición escrita puede incluir ilustraciones, fotografías, gráficos...

1 Encontramos textos expositivos en enciclopedias, manuales u otras obras de consulta. ¿Has tenido que buscar alguna vez información para realizar un trabajo? ¿De qué tema? ¿Dónde la encontraste?

2 Lee atentamente el siguiente texto expositivo.

La sociedad en la Edad Media

La sociedad en la Edad Media estaba dividida en tres grandes grupos: los nobles, los clérigos y el campesinado.

Los nobles eran personas cercanas al rey, que habían heredado tierras y se dedicaban a la guerra. Los nobles tenían poder gracias a los caballeros, que eran, en otras palabras, hombres de armas instruidos en la lucha y entrenados para la batalla, pues era esta una época de numerosas guerras.

Los clérigos eran sacerdotes o monjes dedicados a la vida espiritual, es decir, a la oración y a las celebraciones de carácter religioso.

Los campesinos eran la clase social mayoritaria. Se dedicaban a trabajabar de sol a sol tan solo para poder subsistir, ya que los impuestos que tenían que pagar no les permitían otra cosa.

En conclusión, la mayoría de la población mantenía con su trabajo a la minoría de nobles y clérigos.

Analizo

Los textos expositivos transmiten conocimientos relacionados con la historia, la ciencia, etc. Son muy útiles para aprender o enseñar nuevos temas.

3 Reflexiona.

- ¿Qué relación existe entre la fotografía y el texto?
- ¿Qué palabras o expresiones se usan en el texto para conectar unas ideas con otras?

4 Vuelve a leer el texto y responde.

- ¿Cuál es el tema del texto?
- ¿Cuántos párrafos tiene? ¿De qué trata cada uno?
- ¿A quién crees que puede interesar este texto?

Escribe un texto expositivo sobre algún tema que te interese.

Planifico

5 En primer lugar, redacta un guion. Antes de empezar, debes:

- Elegir el tema que vas a desarrollar.
- Buscar información y seleccionar los distintos aspectos del tema que tratarás.
- Pensar el orden en que colocarás los párrafos para que el texto esté bien organizado.
- Decidir qué imágenes, tablas o gráficos se podrían incluir.

Puedes tomar como modelo este mapa mental y completarlo.

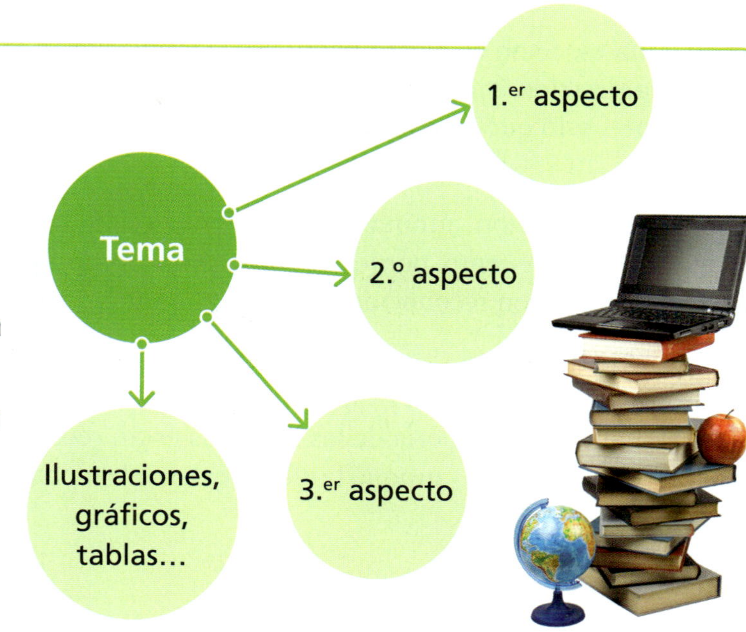

Redacto

6 Elabora un borrador con los datos de tu guion. Elige el lugar que ocuparán las imágenes y otros elementos que incluyas.

7 Redacta el texto expositivo teniendo en cuenta la planificación que has hecho. No olvides cuidar la ortografía y la presentación.

Mejora tu redacción

Los textos expositivos contienen explicaciones y ejemplos que ayudan a comprender el tema del que tratan. Para relacionar las ideas, puedes:

- Utilizar expresiones como *es decir, esto es, o sea, dicho de otro modo, en otras palabras...*
- Añadir ejemplos utilizando las palabras *así, por ejemplo, concretamente...*
- Finalizar con una conclusión que refuerce las ideas transmitidas. Para ello, utiliza expresiones como *en conclusión, en definitiva, en resumen, en consecuencia...*

Reviso

8 Relee tu texto y valora en tu cuaderno estos puntos para evaluar tu progreso.

9 Luego, intercambiaos los textos y valorad el trabajo de vuestro compañero.

Caligrafía	¿Se entiende la letra?
Ortografía	¿Hay faltas? Corrígelas.
Estructura y redacción	¿Pertenecen al tema del texto todos los aspectos tratados?
	¿Has utilizado las palabras y expresiones adecuadas para relacionar unas ideas con otras?
Presentación	¿Has dividido el texto en párrafos?
	¿Incluye imágenes, tablas o gráficos relacionados con el tema?

La narrativa III. La leyenda

La **leyenda** es, como el cuento popular y la fábula, una narración de **hechos imaginarios.** En ocasiones, los personajes de las leyendas son personas reales y lo que se relata está relacionado con hechos históricos o naturales.

Este tipo de narración, aunque también es de ficción, resulta más creíble que la fábula o el cuento, porque se sitúa en un **tiempo y espacio reales** y sus personajes son reconocidos por los habitantes de un territorio.

Cada pueblo ha creado sus propias leyendas, que se han transmitido de forma oral de generación en generación, a menudo con muchas variantes. En la actualidad, la mayoría de las leyendas están recogidas por escrito, generalmente en prosa, aunque también existen leyendas en verso.

aborigen: poblador originario de un país.

guanche: perteneciente a los pueblos que habitaban antiguamente las islas Canarias.

El salto del Guanche

Cuando los conquistadores europeos llegaron a El Hierro, se encontraron con la resistencia de los bimbaches, el pueblo **aborigen** que habitaba la isla. Entre quienes atacaban y hostigaban a los invasores, se encontraba un joven de nombre Ferinto. Aunque los conquistadores intentaban atraparlo una y otra vez, Ferinto siempre conseguía escaparse gracias a su agilidad.

Un día, Ferinto fue traicionado por un compañero, que informó a los europeos acerca de dónde se encontraba. Las tropas se dirigieron allí para apresarlo; sin embargo, el joven bimbache los oyó llegar y logró escapar. Corrió mientras lo perseguían hasta el borde de un profundo precipicio, cercano a Valverde.

No tenía escapatoria: enfrente estaba el abismo y, a su espalda, los soldados que lo cercaban. En ese momento, pensó que de nada servía vivir si no se podía ser libre y decidió que, antes que entregarse a los conquistadores, saltaría. Respiró hondo, cogió fuerzas y dio un gran salto... Increíblemente, llegó con su salto al otro lado del barranco, lugar que hoy se conoce con el nombre de Salto del **Guanche**. Sin embargo, para su mala suerte, allí también había tropas esperándolo. Al ver Ferinto que lo iban a tomar prisionero, lanzó un grito tan fuerte que atravesó toda la isla hasta llegar a La Dehesa, donde su madre se encontraba. Dicen que la anciana, al oírlo, llorando dijo: «¡Atraparon a mi hijo!».

Leyenda canaria

188 192

1 Vuelve a leer el texto anterior y completa en tu cuaderno esta ficha.

- Tipo de texto: [x] literario [ ] no literario
- Se trata de una obra de género: [ ] lírico [x] narrativo [ ] dramático
- Está escrito: [x] en prosa [ ] en verso
- ¿Cuándo tiene lugar la historia narrada? ..... Hierro
- ¿Dónde sucede? ..... En el salto del guante
- ¿Quién es su protagonista? ¿Y su antagonista? Ferinto Los europeos

2 Responde a estas preguntas.

- ¿Qué hechos narrados en la leyenda son fantásticos?
- ¿Cómo crees que ha llegado esta historia hasta nuestros días?
- ¿Qué se conoce actualmente con el nombre de Salto del Guanche?

3 Indica cómo crees que se sintió la madre de Ferinto.

- libre
- triste
- prisionera

4 Como sabes, cada país tiene sus propias leyendas. Busca en Internet la leyenda de los ocho soles, de Laos, e indica si los siguientes enunciados son verdaderos o falsos:

- [ ] El texto es una fábula porque aparecen animales.
- [ ] El arquero apagó los ocho soles.
- [ ] El Sol surgió con el mugido de una vaca.
- [ ] El gallo hizo que resurgiera el Sol.

5 ¿Qué trata de explicar el texto anterior? Realiza en tu cuaderno una secuencia de viñetas que lo ilustren.

6 En parejas, inventad una leyenda en la que se trate de explicar, de manera imaginaria, por qué después de la lluvia sale el arcoíris.

7 Indica qué características comparten la leyenda y el cuento popular. Luego señala sus diferencias.

El procesador de textos

Un **procesador de textos** es un programa informático que permite crear y modificar documentos escritos. Con este programa se pueden hacer muchas cosas; dependiendo de cómo quieras que sea tu texto, deberás ir a una u otra pestaña.

La pestaña **Inicio** permite dar formato al texto (cambiar el tipo de letra, el tamaño, el color…).

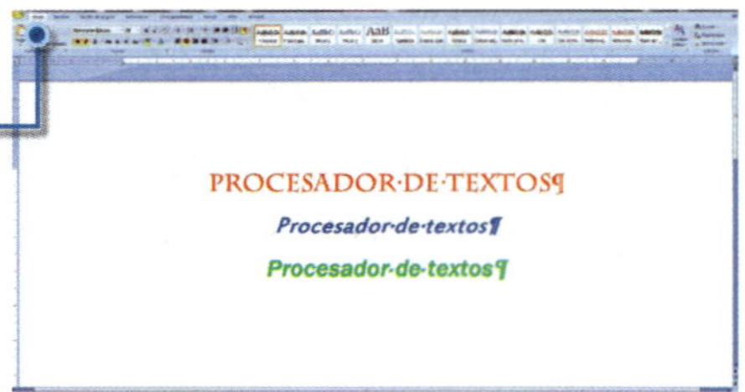

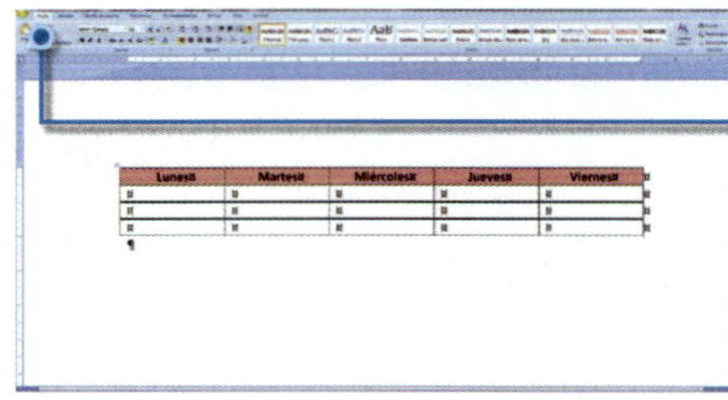

La pestaña **Insertar** sirve para introducir tablas, imágenes o gráficos.

La pestaña **Diseño de página** permite organizar el texto.

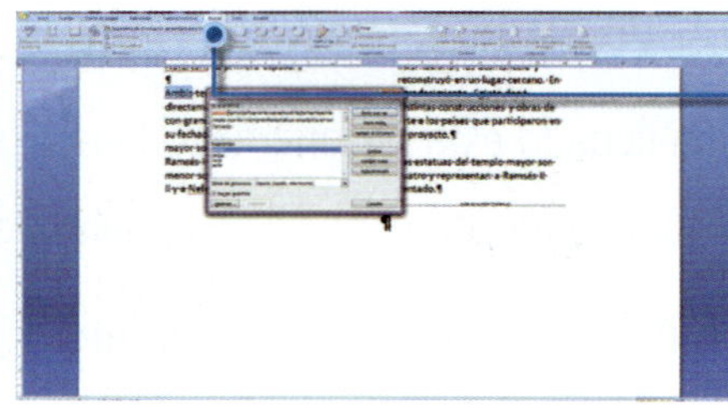

La pestaña **Revisar** da la posibilidad de corregir la ortografía del texto.

Aplica

1. Realiza un horario con tu procesador de textos e incluye en él todas las actividades que realizas durante la semana.

2. Copia la siguiente noticia en un documento de tu procesador de textos. Intenta imitar la organización y el formato del texto.

Un invento nórdico promete traducir los pensamientos de los perros en palabras

Sus creadores se encuentran trabajando en diferentes voces para que cada dueño escoja la que más se adapte a su animal.

Europa Press
22 de enero

Es posible que inspirándose en el collar de los perros de la película de Disney ***Up***, un equipo de inventores nórdicos ha desarrollado un prometedor aparato que, aseguran, **traduce los pensamientos de los perros en palabras.** Según explican en la página web del producto, para llevar a cabo este proyecto, han recurrido a la última tecnología en microinformática y electroencefalografía, disciplinas que permiten analizar los patrones de pensamiento de los animales.

www.lavozdegalicia.es

¿TE ACUERDAS?

1 Desarrolla en tu cuaderno el mapa mental de la unidad.

REPASA

2 Escucha y copia el dictado en tu cuaderno.

3 Busca en Internet el poema *La rama*, de Octavio Paz, recítalo en voz alta y expresa qué sentimientos te ha despertado.

4 Averigua qué leyendas hay en tu comunidad autónoma y copia una de ellas utilizando un procesador de textos.

5 Elige uno de estos temas y escribe un texto expositivo para explicarlo.

Los animales en peligro de extinción

Internet

Los juegos olímpicos

¡ATENCIÓN, PREGUNTAS!

Recuerda hacer las actividades en tu cuaderno o en una hoja aparte.

Tras descender de un salto del camello, Nico corrió hacia el lugar donde se encontraba semienterrado el globo de Giovanni. Con sus propias manos comenzó a apartar la arena a un ritmo frenético, lo que a los pocos minutos le dejó sin aliento.

Extenuado, se sentó en el suelo y se arrastró hasta colocarse entre dos rocas, buscando el único lugar con sombra. La arena le quemaba por todas partes. Comprendió que tenía que actuar con calma, pues las prisas son malas en el desierto. Lo primero que se imponía era pasar el resto del día en las mejores condiciones posibles y, al llegar la noche, con el alivio térmico, intentar inflar el globo.

Regresó a los camellos y revolvió en las albardas. Encontró una tela grande de vistosos colores. Con ella volvió a las rocas y, sujetándola por encima de las mismas con algunas piedras, consiguió improvisar un toldo, bajo el que colocó los pocos alimentos que le quedaban. Luego se introdujo él mismo.

Alfredo Gómez Cerdá

1 ¿Cómo llegó Nico al lugar?

- En globo.
- En camello.

2 Señala si estas afirmaciones son verdaderas (V) o falsas (F).

- El globo no estaba completamente enterrado en la arena.
- En el desierto hacía tanto calor por el día como por la noche.
- Nico improvisó un toldo con la tela del globo.

3 ¿Cuándo decidió Nico desenterrar el globo: al día siguiente o por la noche?

4 Copia los pronombres personales de esta oración y escribe si son tónicos o átonos.

Él intentó desenterrarlo con sus propias manos.

5 Sustituye la parte subrayada de esta oración por el pronombre personal adecuado.

Los viajeros atravesaron el desierto en globo.

6 Corrige el pronombre personal incorrecto de esta oración: **Ellos los colocó bajo el toldo**.

7 Copia la oración donde la palabra **la** sea un pronombre personal y no un determinante.

- **La** arena estaba muy caliente.
- Elena **la** guardó en su bolso.

8 Señala en cuál de estas oraciones el pronombre personal **ella** funciona como núcleo del sujeto.

- **Ella** no conocía el desierto.
- ¿Vas a ir con **ella**?

9 Forma nombres a partir de las siguientes palabras y sufijos: **arena**, **duro**, **ilustrar**, **-eza**, **-ción** y **-ero**.

10 Completa en tu cuaderno estas palabras con **b** o **v**.

sua.....e ......uscador ad.....ertencia

e.....idencia la.....rador a.....sorber

¿Qué harías para memorizar un poema?

En la venta

Ahora aprenderás cómo se alimentaba la gente en la época de *Don Quijote de la Mancha*.

1 Leed mediante la LECTURA COMPARTIDA este fragmento de la obra de Cervantes, en el que se cuenta qué solía comer don Quijote, y la siguiente receta de uno de los platos mencionados.

> Una olla de algo más vaca que carnero, salpicón las más noches, duelos y quebrantos los sábados, lentejas los viernes, algún palomino de añadidura los domingos, consumían las tres partes de su **hacienda**.
>
> Miguel de Cervantes

hacienda: conjunto de posesiones y riquezas.

Duelos y quebrantos

Ingredientes para cuatro personas

- 8 huevos
- 200 g de chorizo
- 200 g de panceta
- 200 g de jamón serrano
- 1 cucharada sopera de aceite
- Una pizca de sal

Tiempo de preparación: 10 minutos

Preparación

1. Cortar el chorizo, la panceta y el jamón en pequeños trocitos.
2. Verter una cucharada de aceite en una sartén y rehogar el chorizo, la panceta y el jamón a fuego lento para que vayan soltando toda la grasa.
3. Cuando todo esté doradito, retirar la grasa sobrante.
4. Batir los huevos y salarlos con una pizca de sal. Después, verterlos sobre la carne doradita y removerlos sin parar hasta que cuaje.
5. Una vez listo, poner un molde de metal en un plato y rellenarlo con los duelos y quebrantos preparados. Dejar un minuto para que asiente bien y retirar el molde con cuidado.

2 Responded a estas preguntas en el cuaderno, utilizando el TRABAJO POR PAREJAS.

- ¿Qué clase de alimentos consumía don Quijote (carnes, frutas, vegetales…)?
- ¿Te parecen los duelos y quebrantos un plato fácil o difícil de preparar? ¿Por qué?
- ¿Puede preparar esta receta cualquiera en su casa o hacen falta utensilios especiales?
- ¿Has probado alguna vez los duelos y quebrantos? ¿Te gustan? Si no lo has hecho, ¿te gustaría?, ¿por qué?

FOLIO GIRATORIO

Averiguamos

- ¿Conoces algún alimento o plato típico de la época?
- ¿Hay algún plato de los que comía don Quijote que hoy se coma habitualmente? ¿Cuál?

3 Leed el siguiente texto utilizando el TRABAJO POR PAREJAS.

> Aquel platonazo que está más adelante vahando me parece que es una olla podrida, que, por la diversidad de cosas que en las tales ollas podridas hay, no podré dejar de topar con alguna que me sea de gusto y provecho.
>
> Miguel de Cervantes

4 Describid en diez líneas lo que imagináis que puede ser «la olla podrida». Después, buscad en Internet qué es. Por último, utilizad el TRABAJO POR PAREJAS e intercambiad vuestras descripciones con el compañero para comprobar si habéis acertado.

5 Copiad este texto sobre la alimentación de don Quijote y subrayad las ideas más importantes a partir del TRABAJO POR PAREJAS.

> Que [don Quijote] comiese «algo más vaca que carnero», significaba que su hacienda era modesta, porque hasta finales del siglo XIX, el carnero era la carne más apreciada, mucho más que la ternera o la vaca. El salpicón era, en la época, el aprovechamiento más sencillo de la carne sobrante de la olla del mediodía; esa carne cocida se cortaba en pedazos menudos a los que se añadía cebolla picada y se aliñaba con aceite, vinagre y sal.
>
> M.ª Dolores Martínez

6 A partir del **FOLIO GIRATORIO POR PAREJAS**, averiguad cuánto cuestan estos ingredientes para preparar la receta de duelos y quebrantos. Después, expresad si os parece un plato caro o barato.

- huevos
- panceta
- chorizo
- jamón serrano

7 Mediante el **TRABAJO POR PAREJAS**, imaginad que se ha inaugurado un restaurante que sirve los platos mencionados en la obra de *Don Quijote de la Mancha*. Además, este restaurante dona a causas benéficas parte del dinero que recauda. Escribid una noticia para informar sobre ello.

8 Usad el **FOLIO GIRATORIO** para inventar y escribir un diálogo entre don Quijote y un ventero (el propietario de una venta o establecimiento en el que antiguamente se hospedaban los viajeros). Los dos personajes deben dialogar sobre la comida de ese día en la venta.

9 Imaginad que abrís un restaurante. Diseñad una carta con las siguientes pautas.

- Pensad en platos para los entrantes, los primeros, los segundos y los postres.
- Después, elegid una cartulina y escribid los platos ordenados en ella. Destacad el más representativo de vuestro restaurante y dadle un nombre especial.
- Podéis decorar la carta para que la presentación sea atractiva.

PROYECTO PBL

Ya han pasado dos trimestres, ¿qué os parece si echamos la vista atrás y recordamos las cosas importantes que han ocurrido en el cole, en nuestra localidad, en nuestro país y en el mundo desde que comenzó el curso? ¿Se os ocurre cómo podríamos hacerlo? ¿Cómo podríamos refrescar nuestra memoria? ¿Cómo lo podríamos presentar? ¿Lo intentamos?

1 Lee el siguiente texto.

SE BUSCA

Perro de raza salchicha.
Responde al nombre de King.
Desapareció el 15 de octubre en el parque del Capricho.
No lleva collar, ya que por las noches se lo quito.

Es un perro muy sociable y cariñoso, así que seguramente se acercará a alguien que le muestre un poco de cariño o le dé comida, porque es muy glotón.

Es de color negro aterciopelado y tiene la parte trasera de sus patas de color marrón oscuro, al igual que unos pequeños lunares sobre los ojos. Tiene una mancha blanca alargada en el pecho.

Como muestra de agradecimiento, se ofrece una recompensa de 250 € a quien comunique su paradero o lo devuelva.

Teléfono de contacto: 910021452

FUENTE: www.murcia.com

2 ¿Qué tipo de texto es el anterior?

a. Una carta.
b. Un folleto.
c. Un cartel.
d. Una postal.

3 ¿Cuál es el objetivo de este texto?

a. Describir a un perro salchicha.
b. Informar de un suceso.
c. Presentar a un animal.
d. Pedir ayuda para encontrar a un perro.

4 ¿Quién ha escrito el texto? ¿A quién va dirigido?

5 ¿Cómo se llama el perro perdido?

6 ¿De qué raza es el perro? ¿Sabrías decir por qué se llama así a este tipo de perros?

7 ¿Por qué no lleva collar el perro?

8 ¿Aporta el dueño alguna pista sobre dónde se perdió?

9 ¿Qué carácter tiene el animal?

a. Es desconfiado y cariñoso.

b. Es tierno y simpático.

c. Es cariñoso y sociable.

d. Es desconfiado y arisco.

10 ¿Qué quiere decir que se ofrece una recompensa?

11 ¿Qué características del perro, que aparecen en la descripción, se aprecian en la imagen?

12 ¿Quién le quitaba el collar a King?

13 ¿Cuándo crees que se perdió King?

a. Por la mañana.

b. Por la tarde.

c. Por la noche.

14 Relaciona la información con el párrafo en el que se da.

a. Carácter.	• Primer párrafo.
b. Descripción física.	• Segundo párrafo.
c. Raza.	• Tercer párrafo
d. Recompensa que se ofrece.	• Cuarto párrafo.

15 Escribe un sinónimo de las siguientes palabras:

a. Glotón. b. Aterciopelado.

16 ¿Alguna vez te has encontrado un animal perdido? ¿Qué harías si te encontraras con este perro?

17 ¿Por qué crees que una descripción puede ayudar a encontrar a un perro perdido?

18 También se suelen poner carteles para buscar objetos extraviados. Imagina que no encuentras tu mochila, elabora un cartel de «se busca» para localizarla.

19 A King se lo ha encontrado un hombre en el parque y ha contactado con el dueño para entregárselo. El perro le ha gustado mucho y se ha informado acerca de la raza de King, el famoso perro salchicha. Lee el siguiente texto que ha encontrado.

Características del teckel o perro salchicha

La apariencia general del teckel es la de un perro bajo, de pata corta, cuerpo largo, pero compacto; muy musculoso, con una osada y desafiante posición de la cabeza. A pesar de la corta longitud de sus miembros, en comparación con la largura de su cuerpo, no es torpe ni está limitado en su capacidad de movimiento.

Independientemente de su tamaño, puede presentar tres variedades de pelo: corto, duro y largo.

En lo que al color se refiere, los teckel pueden tener un pelaje unicolor (rojizo, rojo amarillento o amarillo; todos con o sin pelos negros), bicolor, arlequín (atigrado) y otros colores.

El teckel o perro salchicha es amable, inteligente y muy casero, aunque también se dice que es muy celoso y que siempre anda reclamando cariño. Suele ser bastante testarudo y algo reacio al adiestramiento, que debe empezarse desde muy joven. Se trata de un fiel compañero, en especial en casos de enfermedad por parte del dueño.

Estas características del teckel, y su enorme adaptabilidad, le hacen ser un perro de compañía ideal. Defienden a sus dueños hasta el límite y en los ejemplares destinados a la caza no es extraño observar que consigan piezas mayores que ellos.

A pesar de sus cortas patas, su fuerte ladrido los hace excelentes guardianes. Se considera que el teckel de pelo corto es el más vivaz; el de pelo duro, el más rústico y mejor cazador, y el de pelo largo, el más tranquilo.

FUENTE: www.mundoperro.net

20 ¿Crees que ha actuado correctamente el hombre que se encontró a King? ¿Por qué?

21 ¿Con qué otro nombre se conoce al perro salchicha?

22 Según el texto, ¿es difícil adiestrar a un perro salchicha? ¿Por qué?

23 ¿Qué diferencias hay entre el teckel de pelo corto y el de pelo largo?

24 Observa a los tres perros, ¿sabrías decir qué tipo de teckel es cada uno?

25 Escribe el sinónimo de los siguientes adjetivos.

a. Celoso.
b. Testarudo.
c. Fiel.
d. Desafiante.

26 ¿A qué personas aconsejarías tener un perro salchicha?

27 Indica cuál de estas características propias de los teckel no define a King.

a. Cariñoso.
b. Sociable.
c. Testarudo.
d. Celoso.

28 Si quisieras tener una mascota, ¿qué características te gustaría que tuviera?

29 Haz un esquema con la información que se da del perro salchicha.

EMPRENDO Y APRENDO

El mapa de la armonía

Un filósofo griego llamado Aristóteles dijo que los seres humanos vivimos en sociedad y que la mejor sociedad es aquella en la que todos podemos vivir en armonía, aprendiendo a solucionar los conflictos que puedan surgir.

Nuestra clase también es una sociedad donde, en algunas ocasiones, pueden surgir conflictos. Para poder anticiparnos y evitarlos, elaborad, en grupos, un pequeño mapa en el que describáis qué camino debéis seguir para llegar en cinco pasos al «tesoro» de la armonía.

Bibliografía

Andersen, H. Ch.: *El jardinero y el señor* (fragmento) [en línea], http://www.ciudadseva.com/textos/cuentos/euro/andersen/el_jardinero_y_el_senor.htm, consultado el 27 de mayo de 2014.

Bécquer, G. A.: «Rima LXIII», en *Poesía eres tú. Antología de rimas y leyendas* (selecc. de Juan Gruz Iguerabide), Edelvives, Zaragoza, 2012.

Bermejo, V.: *Cuentos para contar en 1 minuto y ½,* RBA Molino, Barcelona, 2001.

Boisset, É.: *Nicostrato,* Edelvives, Zaragoza, 2012.

Cervantes, M. de: *Don Quijote de la Mancha* (ed. de F. Rico), Galaxia Gutenberg / Círculo de Lectores, Barcelona, 2004.

Darío, R.: «Mariposa», en *Una sed de ilusiones infinitas. Antología* (selecc. de L. Muñoz), Edelvives, Zaragoza, 2010.

Edmundo de Ory, C.: «Hipérbole del amoroso», en *Música de lobo: antología poética (1941-2001),* Galaxia Gutenberg, Barcelona, 2003.

«El teckel o perro salchicha» [en línea], http://www.mundoperro.net/el-teckel-o-perro-salchicha.html, consultado el 27 de mayo de 2014.

Esopo: «La paloma y la hormiga», en *Fábulas de Esopo,* Editorial Juventud, Barcelona, 2004.

García Lorca, F.: «Es verdad», en *Por tu amor me duele el aire. Obras I. Poesía I,* Akal, Madrid, 2008.

Gómez Cerdá, A.: *El volcán del desierto,* Edelvives, Zaragoza, 2011.

«La lechera» [en línea], http://www.materialesdelengua.org/LITERATURA/TEXTOS_LITERARIOS/CUENTOS/contar/lechera.htm, consultado el 27 de mayo de 2014.

Martínez, M.ª D.: *Aproximación didáctica a El Quijote* [en línea], http://www.juntadeandalucia.es/averroes/quijote/contenidos/comida_quijote.htm, consultado el 25 mayo de 2014.

Ruiz de Alarcón, J.: *Los favores del mundo,* Linkgua, Barcelona, 2007.

Samaniego, F. M. De: «El perro y el cocodrilo», en *Fábulas en verso castellano para uso del Real Seminario Bascongado,* Biblioteca Virtual Miguel de Cervantes, Alicante, 2000.

«Se busca a King, un perro salchicha perdido en Abarán» [en línea], http://www.murcia.com/abaran/noticias/2009/10-22-busca-a-king-perro-salchicha.asp, consultado el 27 de mayo de 2014.

Torres, M.: «Jesús Teniente, el hombre del tiempo, nos concede una entrevista» [en línea], http://concursoescolar.hoy.es/2012/edicion2012/las-felices/23661-jesus-teniente-hombre-tiempo-nos-concede-una-entrevista.html, consultado el 27 de mayo de 2014.

«Un invento nórdico promete traducir los pensamientos de los perros en palabras» [en línea], http://www.lavozdegalicia.es/noticia/sociedad/2014/01/22/invento-nordico-promete-traducir-pensamientos-perros-palabras/0003139040193471095 2108.htm, consultado el 27 de mayo de 2014.